In der gleichen Reihe erschienen:

**Achtung!
Betriebsprüfung**
ISBN 3-8029-3301-X

**Außenstände
professionell einziehen**
ISBN 3-8029-3631-0

**Betriebswirtschaft
für Existenzgründer**
ISBN 3-8029-3355-9

**Organisationscheckliste
EURO-Umstellung**
ISBN 3-8029-3966-2

**Organisationsplaner
für Selbständige**
ISBN 3-8029-3303-6

**Rechtsanwälte
vorteilhaft einsetzen**
ISBN 3-8029-3608-6

Wir freuen uns über Ihr Interesse an diesem Buch. Gerne stellen wir Ihnen kostenlos zusätzliche Informationen zu diesem Programmsegment zur Verfügung.

Bitte sprechen Sie uns an:

E-Mail: walhalla@walhalla.de
http://www.walhalla.de

Walhalla Fachverlag · Haus an der Eisernen Brücke · 93059 Regensburg
Telefon (0941) 56840 · Telefax (0941) 568411

Thomas Wedel

66 WIRKUNGSVOLLE
MAHNBRIEFE

So kommen Sie schnell an Ihr Geld!

Die Deutsche Bibliothek – CIP-Einheitsaufnahme

Wedel, Thomas:
66 wirkungsvolle Mahnbriefe : so kommen Sie schnell an Ihr Geld / Thomas Wedel. – Regensburg ; Bonn : Walhalla-Fachverl., 1999
  (Geld & Gewinn)
  ISBN 3-8029-3308-7

Zitiervorschlag:
Thomas Wedel, 66 wirkungsvolle Mahnbriefe,
Regensburg, Düsseldorf 1999

Hinweis: Unsere Werke sind stets bemüht, Sie nach bestem Wissen zu informieren. Die vorliegende Ausgabe beruht auf dem Stand von März 1999. Verbindliche Auskünfte holen Sie gegebenenfalls bei Ihrem Rechtsanwalt ein.

© Walhalla u. Praetoria Verlag GmbH & Co. KG, Regensburg/Bonn
Alle Rechte, insbesondere das Recht der Vervielfältigung und Verbreitung sowie der Übersetzung, vorbehalten. Kein Teil des Werkes darf in irgendeiner Form (durch Fotokopie, Datentransfer oder ein anderes Verfahren) ohne schriftliche Genehmigung des Verlages reproduziert oder unter Verwendung elektronischer Systeme gespeichert, verarbeitet, vervielfältigt oder verbreitet werden.
Produktion: Walhalla Fachverlag, 93042 Regensburg
Druck und Bindung: Westermann Druck Zwickau GmbH
Printed in Germany
ISBN 3-8029-3308-7

Nutzen Sie das Inhaltsmenü:
Die Schnellübersicht führt Sie zum Thema.
Die Kapitelüberschriften führen Sie zur Lösung.

Briefe in Bestform 7

Schnell und sicher durch Ihren
Mahnbrief-Berater 9

1 Mehr Rechtssicherheit
im Umgang mit Schuldnern 11

2 Die 1. Mahnstufe 27

3 Die 2. Mahnstufe 69

4 Die 3. Mahnstufe 117

Findex 165

Als ideale Ergänzung empfehlen wir:

Außenstände professionell einziehen ISBN 3-8029-3631-0

Schnellübersicht

Briefe in Bestform

„Der Mahnbrief verträgt keine Schablone."

Mit dem vorliegenden Ratgeber wird Ihnen demgemäß eine Sammlung von zum Teil praxisbewährten, zum Teil aber auch ganz neu entwickelten Muster-Briefen als zeitsparende Arbeitshilfen für Ihre Mahnkorrespondenz angeboten.

Sie können sich für den konkreten Einzelfall den am besten geeigneten und erfolgversprechendsten Mahnbrief auswählen und sich auch Ihre Mahnbrief-Reihe – von der 1. bis zur 3. Mahnstufe – individuell zusammenstellen.

Das erste Kapitel liefert Ihnen hierzu die Basis (rechtliche Grundlagen zu Anspruch, Fälligkeit, Schuldnerverzug, Durchsetzbarkeit und Beweisbarkeit, Mahnkosten, Verjährungsfristen). Eine Checkliste verhilft Ihnen zur notwendigen Rechtssicherheit.

Die einzelnen Mahnstufen sind so gegliedert, daß die ersten Mahnbriefe der jeweiligen Mahnstufe mehr dem Standard entsprechen. Daran schließen sich einige lockerer formulierte und am Schluß die besonders originellen Mahnbriefe an. Mehr zum Aufbau der Mahnstufen finden Sie bei „Schnell und sicher durch Ihren Mahnbrief-Berater" auf Seite 9.

Nur gekonnt formulierte Mahnungen führen zum Ziel bzw. mit anderen Worten: zum Geld. Ich wünsche Ihnen beim Einziehen Ihrer Außenstände viel Erfolg.

Dr. Thomas Wedel

Schnell und sicher durch Ihren Mahnbrief-Berater

Die Mahnbriefe sind den Mahnstufen entsprechend in drei Kapitel aufgeteilt. Die Struktur dieser Kapitel ist hierbei identisch:

- Auf der gegenüberliegenden Seite des Muster-Mahnbriefes finden Sie jeweils erläuternde Anmerkungen zu Stil bzw. Tonart des Mahnbriefes und zur Mahnstrategie sowie Tips, für welche Fälle der jeweilige Mahnbrief geeignet bzw. ungeeignet ist.

- Querverweise auf die entsprechenden Mahnbriefe – Standard, locker formuliert, originell – der anderen Mahnstufen ermöglichen Ihnen den schnellen Aufbau einer erfolgreichen, individuellen Mahnbrief-Reihe.

- Die großzügige Gliederung des Mahnbrief-Beraters bietet genügend Raum für persönliche bzw. hilfreiche Notizen für Ihre Mitarbeiter.

Auf Ihr Fingerspitzengefühl kommt es an

Gerade bei originellen Mahnbriefen ist Fingerspitzengefühl geboten. Falls der Schuldner im Moment wirklich kein Geld hat, wird er sich eventuell über den originellen Mahnbrief nicht amüsieren können. Oder aber: Der Schuldner nimmt den Mahnbrief nicht Ernst und zahlt wiederum nicht.

Ein überzeugendes Suchsystem

Das detaillierte Stichwortverzeichnis (Findex) auf Seite 165 stellt eine gute Orientierungshilfe dar, um schnell und sicher die gesuchten Textpassagen nachschlagen zu können.

Wichtige Abkürzungen

BGB	Bürgerliches Gesetzbuch
BGH	Bundesgerichtshof
HGB	Handelsgesetzbuch
OLG	Oberlandesgericht
VOB	Verdingungsordnung für Bauleistungen

Mehr Rechtssicherheit im Umgang mit Schuldnern

1

Wie ein (Geld-)Anspruch gesetzlich
definiert wird. 12

Wann ein Kunde in Verzug kommt 12

Vorsicht! Mahnzugang
ist beweispflichtig 17

Wann eine Mahnung
entbehrlich ist 20

Welche Mahnkosten
verlangt werden dürfen 20

Wann die Durchsetzbarkeit
der Forderung gefährdet ist 21

Welche Verjährungsfristen
Sie kennen müssen 22

Können Sie Ihren Anspruch beweisen? . 25

Checkliste: rechtliche Prüfung 26

Mehr Rechtssicherheit

Wie ein (Geld-)Anspruch gesetzlich definiert wird

In § 194 des Bürgerlichen Gesetzbuchs (BGB) ist definiert, was ein Anspruch ist: das Recht von einem anderen ein Tun oder ein Unterlassen zu verlangen.

Ein Geldanspruch bzw. eine Geldforderung entsteht entweder kraft Gesetzes (z. B. Unterhaltsanspruch von Kindern gegen ihre Eltern), zumeist jedoch aus vertraglichen Vereinbarungen (z. B. aus einem Kaufvertrag, Dienstvertrag oder Werkvertrag).

Grundvoraussetzung für das Vorliegen einer später auch rechtlich problemlos durchsetzbaren Forderung ist zunächst, daß ein voll wirksamer Anspruch existiert, d. h., der Inhalt der zu erbringenden Leistung muß bestimmt bzw. zumindest eindeutig bestimmbar sein, und es dürfen keine Mängel bei Vertragsabschluß vorliegen, wie fehlende Rechts- oder Geschäftsfähigkeit (z. B. wegen Minderjährigkeit), Sittenwidrigkeit des Vertrags, wirksame Anfechtung (z. B. wegen Willensmängeln oder arglistiger Täuschung) oder Verstoß gegen Formvorschriften.

Außerdem dürfen auch keine dauernden oder aufschiebenden Einreden entgegenstehen, wie Mängeleinrede oder Verjährungseinrede. Näheres hierzu auf Seite 21 f.

Wann ein Kunde in Verzug kommt

Der Schuldnerverzug ist in den §§ 284 ff. BGB gesetzlich geregelt. Die Absätze 1 und 2 des § 284 BGB lauten wie folgt:

(1) Leistet der Schuldner auf eine Mahnung des Gläubigers nicht, die nach dem Eintritt der Fälligkeit erfolgt, so kommt er durch die Mahnung in Verzug. Der Mahnung steht die Erhebung der Klage auf die Leistung sowie die Zustellung eines Mahnbescheids im Mahnverfahren gleich.

Wann ein Kunde in Verzug kommt

(2) Ist für die Leistung eine Zeit nach dem Kalender bestimmt, so kommt der Schuldner ohne Mahnung in Verzug, wenn er nicht zu der bestimmten Zeit leistet. Das gleiche gilt, wenn der Leistung eine Kündigung vorauszugehen hat und die Zeit für die Leistung in der Weise bestimmt ist, daß sie sich von der Kündigung ab nach dem Kalender berechnen läßt.

Folgende Voraussetzungen müssen beim Schuldnerverzug vorliegen:

Voll wirksamer Anspruch

Die Voraussetzung der Vollwirksamkeit ist zwar in § 284 BGB nicht ausdrücklich erwähnt. Es versteht sich jedoch begrifflich von selbst, daß der Schuldner dem Gläubiger seine Leistung nur dann „rechtswidrig" vorenthält, wenn er zur Erbringung der Leistung von Rechts wegen verpflichtet ist.

Der Anspruch muß fällig sein

Der Gläubiger kann vom Schuldner Zahlung erst dann verlangen, wenn der Anspruch fällig geworden ist.

Hierzu bestimmt § 271 BGB grundsätzlich, daß, wenn eine Zeit für die Leistung weder bestimmt noch aus den Umständen zu entnehmen ist, der Gläubiger die Leistung sofort verlangen, der Schuldner sie sofort bewirken kann.

In der Praxis wird die Fälligkeit insbesondere durch eine vertragliche Bestimmung der Leistungszeit festgelegt, z. B. durch Benennung eines kalendermäßig bestimmten Zahlungstermins.

Für ein Entnehmen der Leistungszeit aus den Umständen sind insbesondere die Art (Natur) des Schuldverhältnisses, die Verkehrssitte und die Beschaffenheit der Leistung zu berücksichtigen!

Wenn keine der beiden Alternativen vorliegt, hat der Schuldner gemäß § 271 BGB sofort zu zahlen.

Mehr Rechtssicherheit

Zu beachten ist noch, daß § 271 BGB dann zurücktritt, wenn die Leistungszeit durch gesetzliche Sonderregeln festgesetzt ist, z. B. beim Dienstvertrag § 614 BGB (nach Leistung der Dienste) oder beim Werkvertrag § 641 BGB (bei Abnahme des Werkes).

Die Erteilung einer Rechnung ist grundsätzlich keine Fälligkeitsvoraussetzung, außer wenn der Schuldner erst aus der Rechnung ersehen kann, welchen Betrag er zu zahlen hat.

Durch Sonderregelungen kann die Fälligkeit auch bis zum Zugang einer Rechnung hinausgeschoben werden (z. B. VOB-B § 16 Nr. 3).

Klare Aufforderung des Gläubigers zu zahlen

Nach einem neueren Urteil des Bundesgerichtshofs aus dem Jahre 1998 genügt als verzugsbegründende Mahnung jede eindeutige und bestimmte Aufforderung, mit der der Gläubiger unzweideutig zum Ausdruck bringt, daß er die geschuldete Leistung verlangt, auch wenn dies in höflicher Form geschieht.

Ähnlich z. B. auch das OLG Hamburg: Selbstverständlich könne es nicht darauf ankommen, ob der Gläubiger sich mehr oder weniger freundlich oder unfreudlich äußert, da konziliante Formulierungen im Rahmen engerer Geschäftsbeziehungen durchaus die Regel seien.

Dennoch sollte zumindest in wichtigen Fällen, z. B. bei hohen Forderungen, immer auch in Betracht gezogen werden, daß bei einer allzu großen Höflichkeit das Vorliegen einer eindeutigen und bestimmten Aufforderung durchaus auch verneint werden könnte.

Wichtig: Als verzugsbegründende Mahnung genügt z. B. nicht:

- Erklärung, der Leistung werde gerne entgegengesehen.
- Aufforderung an den Gläubiger, sich über die Leistungsbereitschaft zu erklären

Wann ein Kunde in Verzug kommt

- Bloße Mitteilung, die Forderung sei nunmehr fällig
- Äußerung des Gläubigers, er wäre dankbar, wenn er die Leistung nunmehr erwarten dürfe.

Nicht zwingend erforderlich ist eine Fristsetzung, und es bedarf auch nicht unbedingt der Androhung bestimmter Folgen.

> **Praxis-Tip:**
>
> - Die Mahnung ist grundsätzlich nicht formbedürftig, sie kann also theoretisch auch mündlich oder konkludent (das heißt: stillschweigend) erfolgen.
> - So wird z. B. als Mahnung auch die Übersendung einer zweiten oder dritten Rechnung oder einer ausgefüllten Zahlkarte gewertet.
> - Aus Beweisgründen ist allerdings die Regelform der Mahnung natürlich die schriftlich Mahnung.

Die geschuldete Leistung wurde nicht rechtzeitig erbracht

Der Schuldnerverzug beginnt mit dem Tag des Zugangs der Mahnung bzw. der Erfüllungsverweigerung; bei kalendermäßig festgelegter Leistungszeit mit dem Ablauf des Tages, an dem die Leistung spätestens zu erbringen war.

Dabei kommt es für die Rechtzeitigkeit der Leistung auf den Zeitpunkt der Vornahme der Leistungshandlung und nicht auf den des Leistungserfolgs an. Wenn die Zahlung also z. B. durch Überweisung vorgenommen wird, ist Rechtzeitigkeit bereits dann zu bejahen, wenn der Überweisungsauftrag vor Fristablauf bei dem Geldinstitut eingegangen ist und auf dem Konto Deckung vorhanden war.

Mehr Rechtssicherheit

Kein Verzug ohne Verschulden!

Der Schuldner kommt nicht in Verzug, solange die Leistung in Folge eines Umstandes unterbleibt, den er nicht zu vertreten hat (§ 285 BGB).

> **Beispiele:**
>
> - Ungewißheit über den Gläubiger, wenn dieser z. B. verstorben ist und seine Erben unbekannt sind.
> - Bei unverschuldetem Rechtsirrtum über Einrederechte.

Achtung: § 285 BGB greift z. B. nicht bei finanziellem Engpaß!

> **Checkliste: Rechtsfolgen des Schuldnerverzugs**
>
> Die Rechtsfolgen ergeben sich insbesondere aus den §§ 286–288 BGB:
>
> - Zahlung von Verzugszinsen (normalerweise 4 % per anno, § 288 Abs. 1 BGB; unter Kaufleuten – also bei beiderseitigen Handelsgeschäften – 5 % per anno, § 352 HGB)
>
>   Dabei ist noch zu beachten, daß Kaufleute untereinander berechtigt sind, für ihre Forderungen aus beiderseitigen Handelsgeschäften bereits vom Tage der Fälligkeit an Zinsen zu fordern (§ 353 HGB).
>
> - Gemäß § 288 Abs. 2 BGB ist auch die Geltendmachung eines weiteren Schadens nicht ausgeschlossen. Der Gläubiger kann danach also z. B. auch eine höhere Zinsforderung geltend machen, wobei der Zinsschaden entweder im Verlust von Anlagezinsen oder in der Aufwendung von Kreditzinsen bestehen kann.
>
> - Der Schuldner haftet gemäß § 286 BGB generell für sämtliche Schäden, die infolge des Verzuges eingetreten sind, z. B. Rechtsanwaltskosten, Inkassokosten.
>
> - Wenn die Leistung in Folge des Verzugs für den Gläubiger kein Interesse mehr hat, so kann er auch Schadenersatz wegen Nichterfüllung verlangen (§ 286 Abs. 2 BGB).

- Während der Zeit des Verzuges trifft den Schuldner nach § 287 BGB eine strengere bzw. erweiterte Haftung.
- Bei einem gegenseitigen Vertrag, z. B. einem Kaufvertrag, kann der Gläubiger dem in Verzug geratenen Schuldner auch eine angemessene Nachfrist setzen, verbunden mit der Erklärung, daß er danach die Leistung ablehne. Nach fruchtlosem Fristablauf kann der Gläubiger gemäß § 326 BGB entweder Schadenersatz verlangen oder vom Vertrag zurücktreten.

Praxis-Tip:
- Schuldnerverzug bedeutet nicht Verjährungsunterbrechung, eine Mahnung unterbricht also keinesfalls die Verjährung!
- Die Beweislast für die tatbestandlichen Voraussetzungen des Verzugs trägt der Gläubiger, die Leistung und ihre Rechtzeitigkeit hat dagegen der Schuldner zu beweisen.

Vorsicht! Mahnzugang ist beweispflichtig

Die Mahnung muß dem Schuldner zugehen, d.h. so in seinen Machtbereich gelangen, daß unter normalen Verhältnissen damit zu rechnen ist, daß er von ihr Kenntnis erlangt.

Der Einwurf in einen Briefkasten bewirkt den Zugang, sobald nach der Verkehrsanschauung mit der nächsten Entnahme zu rechnen ist.

Wie kann der Mahnzugang bewiesen werden?

Für den Zugang eines Schriftstücks, also auch für den Zugang der Mahnung, ist grundsätzlich der Absender beweispflichtig, wobei der zu beweisende Zugang nicht durch den Nachweis der Absendung ersetzt werden kann.

Mehr Rechtssicherheit

Im Streitfall würde also selbst eine eindeutige Zeugenaussage über das Absenden einer Mahnung nicht als Beweis für deren Zugang ausreichen, falls der Schuldner den Erhalt der Mahnung bestreitet.

Selbst die Versendung des Briefes per Einschreiben begründet nach der Rechtsprechung keinen Anscheinsbeweis dafür, daß dieses Schreiben dem Empfänger auch zugegangen ist. Eine Einschreibequittung beweist eigentlich nur das Aufgeben eines Schreibens an einem bestimmten Tage bei der Post, wobei nicht einmal der Inhalt des Schreibens aus der Quittung hervorgeht. Demnach gibt es aufgrund einer Einschreibequittung keinen Beweis des ersten Anscheins dafür, daß

- die Einschreibequittung sich auf ein Schreiben bestimmten Inhalts bezieht und
- ein Schreiben bestimmten Inhalts auch zugestellt wurde.

Selbst ein Einschreiben mit Rückschein beweist im Grunde nur den Zugang eines Kuverts, das auch leer gewesen sein könnte.

Ein Vertragspartner hat schließlich auch noch die Möglichkeit, bei der Postzustellung (absichtlich) nicht anwesend zu sein und dann zu leugnen, daß er über den vergeblichen Zustellungsversuch durch einen Benachrichtigungszettel informiert worden sei.

Wichtig: Im übrigen ersetzt selbst der (nachgewiesene) Zugang des Benachrichtigungszettels bei Abwesenheit nicht den Zugang des Einschreibebriefs.

> **Praxis-Tip:**
>
> Nachdem auch die neuen Briefzusatzleistungen der Deutschen Post AG (Einwurf-Einschreiben, Post-Express) keine absolute Sicherheit bringen, muß man, wenn man wirklich sichergehen will, die Mahnung durch den Gerichtsvollzieher zustellen lassen. Dabei ist dem Auftrag eine Zweitausfertigung der Mahnung beizufügen, die man nach erfolgter Zustellung, verbunden mit

Vorsicht! Mahnzugang ist beweispflichtig

dem Zustellungsnachweis, zurückerhält. Oder aber man muß den Brief durch einen Boten, der den Text gelesen hat, dem Empfänger persönlich in die Hand geben und darüber ein Protokoll anfertigen.

Selbstverständlich kommt die Übermittlung durch Boten oder gar die Beauftragung eines Gerichtsvollziehers wohl nur in wichtigen Fällen in Betracht. In solchen Fällen sollte man jedoch den Aufwand und die Kosten nicht scheuen, da auch nicht übersehen werden darf, daß insbesondere bei der Zustellung durch den Gerichtsvollzieher der zusätzliche Effekt hinzukommt, daß die meisten Schuldner hierdurch doch sehr beeindruckt werden können.

Achtung: Weiterhin sollte man bedenken, daß der wegen der Nichtbeweisbarkeit der In-Verzug-Setzung ggf. entstehende Zinsverlust die anfallenden Kosten häufig nicht unerheblich übersteigt!

Mahn-Trick: Zuvielforderung

Ein nicht ganz unproblematischer, aber im Einzelfall ggf. wirksamer Trick besteht schließlich darin, durch eine Mahnung, mit der (absichtlich) zuviel gefordert wird, den (entrüsteten) Schuldner zu einer schriftlichen Äußerung zu veranlassen, in der der genaue Schuldbetrag angegeben ist. Dies hat zur Folge, daß der Schuldner selbst den Zugang der Mahnung dokumentiert und daß man weiterhin auch noch ein Schuldanerkenntnis erhält, das die Verjährung unterbricht (§ 208 BGB).

Da sich aber die Frage, ob eine Zuvielforderung völlig unwirksam oder nur im Umfang des tatsächlichen Rückstandes wirksam ist, nach der Rechtsprechung unter Berücksichtigung der Umstände nach Treu und Glauben entscheidet, kommen wohl nur geringere Zuvielforderungen in Betracht.

Mehr Rechtssicherheit

Der Bundesgerichtshof entschied über eine Zuvielforderung folgendermaßen: „Eine unverhältnismäßig hohe Zuvielforderung kann den zu Recht angemahnten Teil so in den Hintergrund treten lassen, daß dem Schuldner kein Schuldvorwurf zu machen ist, wenn er sich nicht als wirksam gemahnt ansieht."

Wann eine Mahnung entbehrlich ist

Entbehrlich ist eine Mahnung, abgesehen vom Fall des § 284 Abs. 2 BGB (vertragliche Vereinbarung: „Zahlbar bis zum 15.3.1999"), z. B. auch noch dann, wenn der Schuldner die Leistung vor oder nach Fälligkeit ernsthaft und endgültig verweigert hat oder wenn dem Zeitmoment nach dem Inhalt des Vertrags eine entscheidende Bedeutung zukommt.

Achtung: Zur Art und Weise der Mahnbriefgestaltung ist zu bemerken, daß die Formulierung, ja sogar die gesamte Mahn-Strategie, natürlich immer von folgenden Kriterien abhängt:

- Art der Schuldner (Privatschuldner/gewerbliche Schuldner; Groß-/Kleinunternehmen)
- Beziehung zum Schuldner (z. B. wichtiger Kunde)
- Branche
- Liquidität des Schuldners
- Höhe der Forderung

Welche Mahnkosten verlangt werden dürfen

Die Kosten für die verzugsbegründende Mahnung können nicht vom Schuldner verlangt werden.

Auch bezüglich weiterer Mahnungen werden von den Gerichten allerhöchstens 5 bis 10 DM akzeptiert.

Durchsetzung der Forderung

> **Praxis-Tip:**
> - Verwenden Sie vorsorglich folgende Vertragsklausel: „Für jede Mahnung wird eine Pauschalgebühr von DM 10,– erhoben."
> - Vorteil: Beweisrisiken in etwaigem späteren Rechtsstreit werden vermieden.
> - Bitte beachten: Bei Verwendung einer derartigen Klausel in Allgemeinen Geschäftsbedingungen (AGB) muß hinter dem Wort „Mahnung" der Zusatz „mit Ausnahme der Erstmahnung" eingefügt werden (§ 11 Nr. 4 AGB-Gesetz).
> - Außerdem darf nach der Rechtsprechung die Mahnpauschale in AGB nicht höher als DM 5,– sein (OLG Hamburg, OLG Köln).

Wann die Durchsetzbarkeit der Forderung gefährdet ist

Es sollte grundsätzlich geprüft werden, ob nicht dem Schuldner evtl. Gegenrechte zustehen, die es ihm erlauben, sich der Zahlungsforderung des Gläubigers ganz oder teilweise zu entziehen.

Einreden

Kann sich der Schuldner auf eine Einrede stützen, die ihm ein dauerndes oder wenigstens zeitweiliges Leistungsverweigerungsrecht gewährt, so kommt er nicht in Verzug.

> **Beispiele:**
> - Die Einrede des nicht erfüllten Vertrages gemäß § 320 Abs. 1 BGB: Wer aus einem gegenseitigen Vertrag verpflichtet ist, kann die ihm obliegende Leistung (beim Schuldner: die Zahlung) bis zur Bewirkung der Gegenleistung verweigern, es sei denn, daß er vorzuleisten verpflichtet ist.

Mehr Rechtssicherheit

- Ein Zurückbehaltungsrecht (z. B. § 273 Abs. 1 BGB): Hat der Schuldner aus demselben rechtlichen Verhältnis, auf dem seine Verpflichtung beruht, einen fälligen Anspruch gegen den Gläubiger, so kann er, sofern sich nicht aus dem Schuldverhältnis ein anderes ergibt, die geschuldete Leistung verweigern, bis ihm die gebührende Leistung bewirkt wird.

- Eine getroffene Stundungsvereinbarung, d. h. eine Abrede, wodurch der Fälligkeitszeitpunkt verschoben wird.

- Sonstige Einreden, z. B. Mängeleinrede bei einem Kaufvertrag (§ 478 BGB).

Aufrechnung

Aufrechnung bedeutet gemäß § 387 BGB: Tilgung einer Schuld durch Ausgleich mit einer bestehenden Gegenforderung; sie erfolgt durch eine einseitige empfangsbedürftige Willenserklärung (§ 388 BGB). Es ist insbesondere zu beachten, daß die Forderungen gleichartig sein müssen und daß die Aufrechnung durch Vereinbarung oder gesetzliche Vorschriften ausgeschlossen sein kann.

Welche Verjährungsfristen Sie kennen müssen

Gemäß § 194 BGB unterliegt das Recht, von einem anderen ein Tun oder Unterlassen zu verlangen (Anspruch), der Verjährung. Nach Ablauf der gesetzlichen Verjährungsfrist ist der Verpflichtete berechtigt, die Leistung zu verweigern (§ 222 Abs. 1 BGB).

Die Verjährung beseitigt demgemäß den Anspruch nicht, sie vereitelt nur seine Durchsetzung gegen den Willen des Verpflichteten. Der Schuldner kann also, muß aber nicht verweigern!

Verjährungsfristen

Wenn er vom Gläubiger verklagt wird und sich nicht auf die Verjährung beruft, so wird er verurteilt. Andererseits bleibt der Anspruch aber trotzdem erfüllbar: Wer also (z. B. versehentlich) auf eine verjährte Forderung leistet, kann folglich nicht zurückfordern.

Wichtig: Gemäß § 195 BGB beträgt die regelmäßige Verjährungsfrist dreißig Jahre. Diese gilt jedoch nur, wenn das Gesetz nichts besonderes bestimmt, was sehr häufig der Fall ist. Vergleichen Sie hierzu die nachfolgende Checkliste.

Bitte beachten Sie zudem, daß die Verjährung gemäß § 201 BGB erst am Ende des Entstehungsjahres und nicht wie im Regelfall bereits mit der Entstehung des Anspruchs beginnt.

Checkliste: die wichtigsten Verjährungsfristen

	Schuldner	
	Privatperson	Geschäftsbetrieb
Dienstleistungsvertrag	2 Jahre	4 Jahre
Gastwirt-(Hotelier-)Leistung	2 Jahre	2 Jahre
Handwerkerleistung	2 Jahre	4 Jahre
Kaufvertrag	2 Jahre	4 Jahre
Landwirtsch. Lieferung	2 Jahre	4 Jahre
Leasing/Mietkauf	2 Jahre	2 Jahre
Maklervertrag	2 Jahre	2 Jahre
Miete/Pacht	4 Jahre	4 Jahre
Reparaturleistung	2 Jahre	4 Jahre
Speditionskosten	2 Jahre	2 Jahre
Warenlieferung	2 Jahre	4 Jahre
Werk-(Lieferungs-)Vertrag	2 Jahre	4 Jahre

Mehr Rechtssicherheit

> **Beispiel:**
>
> Hat der Schuldner am 11.3.1997 eine Ware gekauft, so ist Beginn der Verjährung am 31.12.1997 und Ablauf der Verjährung am 31.12.1999. Der Kaufpreisanspruch ist demgemäß am 1.1.2000 verjährt.
>
> Dasselbe gilt z. B. auch für einen Werklohnanspruch eines Handwerkers!
>
> Erfolgt die Leistung aber für den Gewerbebetrieb des Schuldners ist der Anspruch erst am 1.1.2002 verjährt (§ 196 Abs. 1 Nr. 1, Abs. 2 BGB).

Wichtig: Verjährt eine Forderung an einem Samstag, Sonntag oder Feiertag, so tritt an die Stelle dieses Tages der nächste Werktag (§ 193 BGB).

Unterbrechung der Verjährung

Die Verjährung kann auch unterbrochen werden, d. h. die bislang abgelaufene Frist bleibt dann außer Betracht, und die Verjährung beginnt ganz neu zu laufen.

> **Beispiel:**
>
> Die Kaufpreisforderung würde am 31.12. verjähren. Am 29.12. leistet der Schuldner eine Teilzahlung oder er schreibt: „Ich erkenne die Schuld an." Hierdurch wird die Verjährung unterbrochen mit der Folge, daß die volle Verjährungsfrist neu zu laufen beginnt (§ 217 BGB).

Wie Sie Ihren Anspruch beweisen

> **Praxis-Tip:**
> Der Gläubiger selbst kann die Verjährung insbesondere durch die Zustellung eines gerichtlichen Mahnbescheids oder durch Erhebung einer Klage unterbrechen. Nicht ausreichend sind dagegen vorgerichtliche Mahnungen!

Hemmung der Verjährung

Die Verjährung kann im übrigen auch gehemmt sein.

Beispiel:

Hatte der Verkäufer dem Käufer die Kaufpreisforderung während der Verjährungsfrist z. B. für ein halbes Jahr gestundet, so ist die Verjährung gehemmt (§ 202 BGB). Dies bedeutet, daß der Zeitraum, während dessen die Verjährung gehemmt ist, in die Verjährungsfrist nicht eingerechnet wird (§ 205 BGB). Die Verjährung verlängert sich also um sechs Monate.

Wichtig: § 201 BGB (Jahresende) gilt hier ebenso wie bei der Verjährungsunterbrechung.

Können Sie Ihren Anspruch beweisen?

Natürlich muß man als Gläubiger prüfen, ob man den Sachverhalt, auf den man seinen Anspruch stützt, ggf. auch beweisen kann.

Dies wird z. B. eher der Fall sein, wenn man sich auf einen schriftlichen Vertrag stützen kann, als wenn man sich auf Zeugenaussagen verlassen muß. Es sollten also immer die vorhandenen Beweismittel gesichtet werden.

Mehr Rechtssicherheit

> **Praxis-Tip:**
>
> - Es ist empfehlenswert, sich Zeugenaussagen schriftlich bestätigen zu lassen.
> - Die Registrierung, Aufbewahrung und schnelle Auffindbarkeit von Schriftstücken sollte sichergestellt sein.
> - Von wichtigen Verträgen und Urkunden sollten beglaubigte Fotokopien angefertigt werden.

Wenn ein Beweis nicht sicher geführt werden kann, stellt sich die Frage, welche Partei die Folgen des fehlenden Beweises trägt (Beweislast!).

Wichtig: Wer eine Rechtsfolge für sich in Anspruch nimmt, hat die anspruchsbegründenden und anspruchserhaltenden Tatsachen zu behaupten und zu beweisen, der Gegner dagegen die rechtshindernden, rechtsvernichtenden und rechtshemmenden.

Checkliste: rechtliche Prüfung

Prüfkriterien	Ja	Nein
■ Liegt ein voll wirksamer Anspruch vor, insbesondere keine Mängel bei Vertragsabschluß? (siehe Seite 12)	☐	☐
■ Ist der Anspruch auch fällig? (siehe Seite 13)	☐	☐
■ Liegt Schuldnerverzug vor? (siehe Seite 13)	☐	☐
– Verzugsbegründende Mahnung? (siehe Seite 14)	☐	☐
– Zugang der Mahnung? (siehe Seite 17)	☐	☐
– Nicht rechtzeitiges Erbringen der geschuldeten Leistung? (siehe Seite 15)	☐	☐
■ Ist Durchsetzbarkeit gegeben? (siehe Seite 21)		
– Kein Einreden des Schuldners möglich? (siehe Seite 21)	☐	☐
– Keine Verjährung des Anspruchs? (siehe Seite 22)	☐	☐
■ Ist der Anspruch beweisbar? (siehe Seite 25)	☐	☐

Die 1. Mahnstufe

2

Standard-Mahnungen:
Muster-Briefe 1 bis 6 28

Locker formulierte Mahnungen:
Muster-Briefe 7 bis 14 40

Originelle Mahnungen:
Muster-Briefe 15 bis 20 56

Erste Mahnstufe

Muster 1: Standard-Mahnung

```
Name                                    Ort, Datum
Straße
Ort


Unsere Rechnung vom ... über DM ...
Rechnungs-Nr.: ...



Sehr geehrte Damen und Herren,

leider haben wir auf unsere o.g. Rechnung bis
heute noch keinen Zahlungseingang verzeichnen
können.

Wir gehen davon aus, daß dies auf einem organisa-
torischen Versehen beruht, müssen Sie aber den-
noch höflich auffordern, das Versäumte umgehend
nachzuholen, da unsere Zahlungsziele Bestandteil
unserer Kalkulation sind.

Sollten Sie allerdings den Rechnungsbetrag in den
letzten Tagen bereits überwiesen haben, so
betrachten Sie bitte dieses Schreiben als gegen-
standslos.


Mit freundlichen Grüßen


(Unterschrift)
```

Standard-Mahnung

Ziel

- **Mahn-Strategie**
  - ✓ Kunde soll nicht verärgert werden.
  - ✓ Positive Beziehungsebene soll erhalten werden.

- **Für welche Fälle geeignet?**
  - ✓ Grundsätzlich fast immer einsetzbar.
  - ✓ Allerdings eher unpersönliche Dutzendmahnung.

- **Stil bzw. Tonart**
  - ✓ Schlichter Sachstil, freundlich, höflich.

> **Praxis-Tip:**
>
> Wenn der Schuldner durch die 1. Mahnung erst in Verzug gesetzt werden muß – dies ist insbesondere dann erforderlich, wenn nicht schon vertraglich eine nach dem Kalender bestimmte Zahlungsfrist vereinbart wurde –, so ist zu beachten, daß nach der Rechtsprechung Voraussetzung für diese verzugsbegründende Mahnung ist, daß eine eindeutige und bestimmte Aufforderung vorliegt, mit der der Gläubiger unzweideutig zum Ausdruck bringt, daß er die geschuldete Leistung verlangt, wobei dies allerdings auch in höflicher Form geschehen kann.

Die entsprechenden Standard-Briefe der 2. Mahnstufe finden Sie ab Seite 70, die der 3. Mahnstufe ab Seite 118.

Erste Mahnstufe

Muster 2: Standard-Mahnung

```
Name                                      Ort, Datum
Straße
Ort


Lieber Kunde,

in der Anlage übersende ich Ihnen unseren neue-
sten Prospekt, der einige sehr günstige Sonder-
angebote enthält.

Bei dieser Gelegenheit erlaube ich mir, Sie dar-
auf aufmerksam zu machen, daß Sie offenbar die
Begleichung meiner Rechnung vom ... übersehen
haben.

Zu Ihrer Arbeitserleichterung habe ich dies-
bezüglich ein bereits vollständig ausgefülltes
Überweisungsformular beigefügt.


Mit freundlicher Empfehlung


(Unterschrift)


Anlagen
```

Standard-Mahnung

Ziel

- **Mahn-Strategie**
  - ✓ Die Verbindung der Inkassofunktion mit der Marketingfunktion zeigt das Interesse an der Fortführung der Geschäftsbeziehung!
  - ✓ Durch die nur beiläufige Erwähnung gibt man zu verstehen, daß man aus der Angelegenheit keine große Affäre machen will.
  - ✓ Die Zahlung wird leicht gemacht!

- **Für welche Fälle geeignet?**
  - ✓ Praktisch immer einsetzbar, wenn man gerade ein Angebot machen kann.

- **Stil bzw. Tonart**
  - ✓ Schlichter Sachstil, freundlich, höflich.

> **Praxis-Tip:**
> - Nicht als verzugsbegründende Mahnung verwenden!
> - Es muß nicht unbedingt ein Prospekt, sondern kann auch ein Angebot in anderer Form sein.
> - Verwendung der Ich-Form wirkt persönlich!

Die entsprechenden Standard-Briefe der 2. Mahnstufe finden Sie ab Seite 70, die der 3. Mahnstufe ab Seite 118.

Erste Mahnstufe

Muster 3: Standard-Mahnung

```
Name                                    Ort, Datum
Straße
Ort


Ihr Auftrag vom ...
Unsere Rechnung Nr. ... vom ...


Guten Tag, Herr ...!
Fassen Sie diesen Brief bitte nicht als Mahnung
im üblichen Sinn auf.
Wir wissen, daß Sie die Zahlung nicht mit Absicht
verzögert haben.
Es ist bei der Fülle der täglichen Aufgaben
durchaus verständlich, daß trotz aller Sorgfalt
einmal ein Zahlungstermin unbeachtet bleibt.
Bitte zahlen Sie aber jetzt doch bis
spätestens ...


Vielen Dank im voraus und freundliche Grüße


(Unterschrift)
```

Standard-Mahnung

Ziel

- **Mahn-Strategie**
  - ✓ Kunden auf keinen Fall verärgern, Beziehungsebene positiv erhalten!
  - ✓ Man zeigt Verständnis, und die Mahnung kann deshalb nicht übelgenommen werden.

- **Für welche Fälle geeignet?**
  - ✓ Insbesondere bei wichtigen Kunden.

- **Stil bzw. Tonart**
  - ✓ Besonders vorsichtig, moderat.

> **Praxis-Tip:**
> Nicht unbedingt als verzugsbegründende Mahnung verwenden!

Die entsprechenden Standard-Briefe der 2. Mahnstufe finden Sie ab Seite 70, die der 3. Mahnstufe ab Seite 118.

Erste Mahnstufe

Muster 4: Standard-Mahnung

```
Name                                    Ort, Datum
Straße
Ort


Sehr geehrte Damen und Herren,

wir bitten um Überprüfung der beiliegenden Rech-
nungsübersicht und, falls korrekt, um Ausgleich
bis zum ...


Mit freundlichem Gruß


(Unterschrift)


Anlage
```

Standard-Mahnung

Ziel

- **Mahn-Strategie**
  - ✓ Kunden nicht verärgern.
  - ✓ Mahnung kann wegen neutralem Charakter (Formular!) nicht übelgenommen werden.

- **Für welche Fälle geeignet?**
  - ✓ Bei wichtigen, ständigen Kunden.

- **Stil bzw. Tonart**
  - ✓ Schlichter Sachstil, gängiger Standard-Text für ständige Kunden.

Praxis-Tip:

- Nicht unbedingt als verzugsbegründende Mahnung verwenden!
- Alternativ-Formulierung: Kontoübersicht

Die entsprechenden Standard-Briefe der 2. Mahnstufe finden Sie ab Seite 70, die der 3. Mahnstufe ab Seite 118.

Erste Mahnstufe

Muster 5: Standard-Mahnung

```
Name                                    Ort, Datum
Straße
Ort


Unsere Rechnung vom ...


Sehr geehrte Damen und Herren,

in oben genannter Angelegenheit möchten wir höf-
lich anfragen, ob der offene Saldo auf Ihrem
Konto auf Richtigkeit beruht oder ob vielleicht
ein Versehen unserer Buchhaltungsabteilung vor-
liegt?

Möglicherweise wurde der Betrag irrtümlich dem
Konto eines anderen Kunden gutgeschrieben.

Für die freundliche Überprüfung der Angelegenheit
bedanken wir uns im voraus recht herzlich.


Hochachtungsvoll


(Unterschrift)
```

Standard-Mahnung

Ziel

- **Mahn-Strategie**
  - ✓ Kunde soll nicht verärgert werden.
  - ✓ Wohlwollen erhalten!

- **Für welche Fälle geeignet?**
  - ✓ Bei wichtigen, guten Kunden.

- **Stil bzw. Tonart**
  - ✓ Besonders vorsichtig, moderat.

Praxis-Tip:

Nicht als verzugsbegründende Mahnung verwenden!

Die entsprechenden Standard-Briefe der 2. Mahnstufe finden Sie ab Seite 70, die der 3. Mahnstufe ab Seite 118.

Erste Mahnstufe

Muster 6: Standard-Mahnung

```
Name                                    Ort, Datum
Straße
Ort


Unsere Rechnung vom ...


Sehr geehrte Kundin,

wir haben uns alle Mühe gegeben, Sie rasch und
preiswert zu beliefern.

Deshalb werden Sie es uns auch nicht verübeln,
wenn wir von Ihnen ebenso pünktliche Zahlung
erwarten.

Für den Zahlungseingang haben wir uns den ...
vorgemerkt.


Mit freundlichen Grüßen


(Unterschrift)
```

Standard-Mahnung

Ziel

- **Mahn-Strategie**
  - ✓ Appell an Ehrgefühl, Gerechtigkeitssinn, Vertragstreue, Billigkeitsempfinden.

- **Für welche Fälle geeignet?**
  - ✓ Fast immer einsetzbar, wenn man selbst schnell und preisgünstig geliefert hat.

- **Stil bzw. Tonart**
  - ✓ Verbindlich, moderat.

> **Praxis-Tip:**
>
> Mahnen Sie Firmen möglichst nicht zu Zeiten der Lohn- bzw. Gehaltszahlung!

Die entsprechenden Standard-Briefe der 2. Mahnstufe finden Sie ab Seite 70, die der 3. Mahnstufe ab Seite 118.

Erste Mahnstufe

Muster 7: locker formulierte Mahnung

```
Name                                      Ort, Datum
Straße
Ort


Unsere Rechnung vom ...


Sehr geehrte Frau ...

haben Sie sich seinerzeit nicht gefreut, als wir
Ihre Bestellung noch am Tag ihres Eingangs erle-
digten?

Ebenso würden wir uns freuen, wenn auch Sie jetzt
unverzüglich unsere Rechnung begleichen würden.

Bitte denken Sie daran und schicken Sie uns Ihren
Scheck in den nächsten Tagen in beiliegendem
Freiumschlag.


Mit freundlichen Grüßen


(Unterschrift)
```

Locker formulierte Mahnung

Ziel

- **Mahn-Strategie**
  - ✓ Appell an Ehrgefühl, Vertragstreue, Gerechtigkeitssinn und Billigkeitsempfinden.
  - ✓ Zahlung wird leicht gemacht.

- **Für welche Fälle geeignet?**
  - ✓ Immer einsetzbar, wenn man tatsächlich schnell geliefert hat.

- **Stil bzw. Tonart**
  - ✓ Schon etwas salopper formuliert.

Praxis-Tip:

Nicht als verzugsbegründende Mahnung verwenden!

Die entsprechenden locker formulierten Briefe der 2. Mahnstufe finden Sie ab Seite 90, die der 3. Mahnstufe ab Seite 146.

Erste Mahnstufe

Muster 8: locker formulierte Mahnung

```
Name                                          Ort, Datum
Straße
Ort


Unsere Forderung über DM ... gemäß Rechnung
vom ...


Sehr geehrte Damen und Herren,

es gibt drei Möglichkeiten, warum wir bisher noch
keinen Zahlungseingang von Ihnen verzeichnen
konnten:

a) Dieser Brief und Ihre Überweisung haben sich
   überschnitten.

b) Es gibt ein Mißverständnis bzw. ein Problem.
   In diesem Fall sollten Sie sich noch heute mit
   unserem Herrn ... telefonisch in Verbindung
   setzen (Durchwahl: ...).

c) Sie haben unsere Rechnung einfach übersehen.
   Dann freuen Sie sich bestimmt, daß wir Sie
   hiermit daran erinnern und werden uns den
   Betrag umgehend überweisen.


Mit freundlicher Empfehlung


(Unterschrift)
```

Locker formulierte Mahnung

Ziel

- **Mahn-Strategie**
  - ✓ Zur Reaktion (Durchwahl!) bzw. Zahlung animieren!

- **Für welche Fälle geeignet?**
  - ✓ Fast immer einsetzbar.

- **Stil bzw. Tonart**
  - ✓ Locker, flott, salopp formuliert.

> **Praxis-Tip:**
>
> Nicht unbedingt als verzugsbegründende Mahnung verwenden!

Die entsprechenden locker formulierten Briefe der 2. Mahnstufe finden Sie ab Seite 90, die der 3. Mahnstufe ab Seite 146.

Erste Mahnstufe

Muster 9: locker formulierte Mahnung

```
Name                                          Ort, Datum
Straße
Ort


Unsere Rechnung vom ...


Sehr geehrte Damen und Herren,

in o.g. Angelegenheit bitten wir zum Zwecke unse-
rer Information über den Stand der Angelegenheit
um kurzfristige Rückübersendung bzw. Rückfax des
nachfolgenden Antwortcoupons.


(Unterschrift)
```

Antwortcoupon:

☐ Ich habe Ihre Rechnung noch nicht bezahlt, weil ....
  ....

☐ Der Rechnungsausgleich ist bereits am ... per Scheck/Über-
  weisung erfolgt.

☐ Die Fälligkeit wurde übersehen. Die Zahlung erfolgt bis
  spätestens ...

☐ Die Rechnung liegt uns nicht vor. Wir bitten um Übersendung
  einer Fotokopie.

☐ Ich kann den Betrag leider nicht auf einmal bezahlen und
  möchte deshalb gerne eine Ratenzahlungsvereinbarung
  treffen.

☐ Sonstiges: ....

Locker formulierte Mahnung

Ziel

- **Mahn-Strategie**
  - ✓ Schuldner aus Schneckenhaus locken, zur Reaktion animieren, Brücke bauen.
  - ✓ Das Anbieten von Alternativen ist eine erfolgversprechende Taktik: ermöglicht Auswahl, dadurch wird die Wahrscheinlichkeit für ein „Ja" erhöht; vermittelt außerdem das Gefühl, selbst unter mehreren Möglichkeiten die richtige Entscheidung treffen zu können und führt dazu, daß ein positives Klima entsteht.

- **Für welche Fälle geeignet?**
  - ✓ Bei guten, ständigen Kunden.

- **Stil bzw. Tonart**
  - ✓ Schon etwas ausgefallener Mahntext, verbindlich.

> **Praxis-Tip:**
> Nicht als verzugsbegründende Mahnung verwenden!

Die entsprechenden locker formulierten Briefe der 2. Mahnstufe finden Sie ab Seite 90, die der 3. Mahnstufe ab Seite 146.

Erste Mahnstufe

Muster 10: locker formulierte Mahnung

```
Name                                    Ort, Datum
Straße
Ort


Rechnungsausgleich


Sehr geehrter Herr ...,

leider hat Sie bisher irgendetwas daran gehin-
dert, den offenen Betrag i.H.v. ..., der am ...
fällig war, zu begleichen.

Als Geschäftsinhaber wissen Sie selbst am besten,
daß Mahnbriefe zu den unangenehmsten Briefen
überhaupt gehören. Nichtsdestotrotz müssen Sie
aber doch geschrieben werden.

Machen Sie es bitte uns und sich selbst leicht
und überweisen Sie o.g. Betrag in den nächsten
Tagen.


Mit freundlicher Empfehlung


(Unterschrift)
```

INFORMATIONSANFORDERUNG
Schneller per Telefax 0211/680 20 82:

Ich interessiere mich speziell für folgende Themenbereiche:

- ○ Selbstmanagement, Motivation und Kommunikation
- ○ Privater Vermögensaufbau: Geld, Börse, Steuern
- ○ Vorsorge, Recht und Rat
- ○ Berufswahl/Berufsorientierung: Weiterbildung
- ○ Werben, Verkaufen, Multimedia
- ○ Junge Selbständigkeit

Diese Karte entnahm ich dem Buch..

Bitte schicken Sie Informationen an meine Privatadresse: **oder an meine Firmenadresse/Dienststelle:**

Name/Vorname

Straße

PLZ, Ort

Telefon/Telefax

Wir speichern Ihre Daten elektronisch.
Keine Weitergabe, kein Verkauf.

Firma

Name/Vorname

Abteilung/Position

Straße

PLZ, Ort

Telefon/Telefax

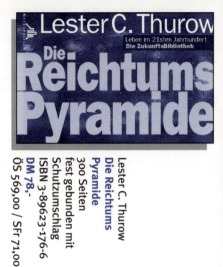

"Thurows Analyse der Weltwirtschaft ist erfrischend, hervorragend dargelegt und provokativ."
The New York Times

Besuchen Sie uns im Internet:
www.metropolitan.de

Telefon: 0211 / 680 42 13
e-mail: metropolitan@walhalla.de

Lester C. Thurow
Die Reichtums
Pyramide
300 Seiten
fest gebunden mit
Schutzumschlag
ISBN 3-89623-176-6
DM 78,-
ÖS 569,00 / SFr 71,00

Chlorfrei gebleichtes Papier

Antwortkarte

Metropolitan Verlag
Walhalla Fachverlag
Fit for Business

Uhlandstraße 44
D-40237 Düsseldorf

Bitte
freimachen

Locker formulierte Mahnung

Ziel

- **Mahn-Strategie**
  - ✓ Beziehungsebene positiv erhalten.

- **Für welche Fälle geeignet?**
  - ✓ Wenn Mahnbrief direkt an Geschäftsinhaber adressiert wird.

- **Stil bzw. Tonart**
  - ✓ Locker, salopp, verbindlich.

Die entsprechenden locker formulierten Briefe der 2. Mahnstufe finden Sie ab Seite 90, die der 3. Mahnstufe ab Seite 146.

Erste Mahnstufe

Muster 11: locker formulierte Mahnung

```
Name                                          Ort, Datum
Straße
Ort


Unsere Rechnung vom ...


Sehr geehrter Herr ...,

als guter Geschäftsmann werden Sie sicher Ver-
ständnis dafür haben, daß wir auf den pünktlichen
Eingang unserer Außenstände angewiesen sind.

Im übrigen wollen doch wohl auch Sie noch vor
Jahresende in Ihren Büchern „reinen Tisch" machen.

Wir bitten Sie deshalb um Zahlung bis
spätestens ...


Mit freundlichen Grüßen


(Unterschrift)
```

Locker formulierte Mahnung

Ziel

- **Mahn-Strategie**
  - ✓ Appell an kaufmännisches Ehrgefühl (bei kaufmännischer Ehre packen!).

- **Für welche Fälle geeignet?**
  - ✓ Nur geeignet als Mahnung am Jahresende (November, Anfang Dezember).

- **Stil bzw. Tonart**
  - ✓ Flott, salopp formuliert.

Die entsprechenden locker formulierten Briefe der 2. Mahnstufe finden Sie ab Seite 90, die der 3. Mahnstufe ab Seite 146.

Erste Mahnstufe

Muster 12: locker formulierte Mahnung

```
Name                                    Ort, Datum
Straße
Ort


Unsere Rechnung vom ...


Sehr geehrte Damen und Herren,

wir möchten gerne bei Ihnen den altbekannten
Spruch in Erinnerung rufen:

„Was du heute kannst besorgen, das verschiebe
nicht auf morgen!"

In diesem Sinne sehen wir Ihrer umgehenden Zah-
lung nunmehr zuversichtlich entgegen.


Mit freundlicher Empfehlung


(Unterschrift)
```

Locker formulierte Mahnung

Ziel

- **Mahn-Strategie**
  - ✓ Poesie schafft Sympathie.
  - ✓ In der Kürze liegt die Würze.

- **Für welche Fälle geeignet?**
  - ✓ Nicht bei biederen, konservativen, überseriösen Schuldnern.

- **Stil bzw. Tonart**
  - ✓ Locker, pfiffig.

Praxis-Tip:

Nicht als verzugsbegründende Mahnung verwenden!

Die entsprechenden locker formulierten Briefe der 2. Mahnstufe finden Sie ab Seite 90, die der 3. Mahnstufe ab Seite 146.

Erste Mahnstufe

Muster 13: locker formulierte Mahnung

```
Name                                    Ort, Datum
Straße
Ort


Unsere Rechnung vom ...


Sehr geehrte Damen und Herren,

wir haben ja alle so furchtbar viel um die Ohren!
Da kann es schon einmal passieren, daß man eine
Rechnung übersieht.

Damit Sie sie nicht erst mühsam heraussuchen müs-
sen, fügen wir gleich eine Kopie bei.

Bitte überweisen Sie nunmehr bis spätestens ...


Mit freundlichen Grüßen


(Unterschrift)


Anlage:
Rechnungskopie
Ausgefülltes Überweisungsformular
```

Locker formulierte Mahnung

Ziel

Mahn-Strategie

- ✓ Wohlwollen des Kunden erhalten (man zeigt Verständnis, kein Vorwurf).
- ✓ Zahlung wird leicht gemacht.

■ **Für welche Fälle geeignet?**

- ✓ Fast immer einsetzbar, insbesondere bei kleineren Geschäftskunden, aber auch bei Privatkunden.

■ **Stil bzw. Tonart**

- ✓ Locker, lässig, pfiffig.

Die entsprechenden locker formulierten Briefe der 2. Mahnstufe finden Sie ab Seite 90, die der 3. Mahnstufe ab Seite 146.

Erste Mahnstufe

Muster 14: locker formulierte Mahnung

```
Name                                    Ort, Datum
Straße
Ort


Unsere Rechnung vom ...


Sehr geehrte Damen und Herren,

ist bei Ihnen in o.g. Angelegenheit irgend etwas
schief gelaufen?

Stellen Sie gerade Ihre Computer-Software um oder
haben Sie vielleicht einen neuen Mitarbeiter, der
noch nicht so ganz eingearbeitet ist?

Was auch immer der Grund ist, jedenfalls ist
unsere Rechnung immer noch unbeglichen.

Bitte zahlen Sie nunmehr bis spätestens ...


Mit freundlichen Grüßen


(Unterschrift)
```

Locker formulierte Mahnung

Ziel

- **Mahn-Strategie**
  ✓ Baut Brücke, erhält Beziehungsebene positiv.

- **Für welche Fälle geeignet?**
  ✓ Bei größeren wichtigen Kunden.

- **Stil bzw. Tonart**
  ✓ Locker, lässig.

> **Praxis-Tip:**
>
> Alternativ-Formulierung: Mitarbeiter in Ihrer Finanzbuchhaltung oder Kreditorenbuchhaltung.

Die entsprechenden locker formulierten Briefe der 2. Mahnstufe finden Sie ab Seite 90, die der 3. Mahnstufe ab Seite 146.

Erste Mahnstufe

Muster 15: originelle Mahnung

```
Name                                    Ort, Datum
Straße
Ort


Rechnungsausgleich


Sehr geehrter Herr ...,

„Dich schicke ich wenigstens nicht vergeblich auf
die Reise",

dachte sich unsere Mahn- und Inkasso-Sachbearbei-
terin, als sie diesen Mahnbrief absandte. Und sie
hat sich nicht getäuscht, nicht wahr?

„Der Frau kann geholfen werden", werden Sie
sagen, „heute noch werde ich die Rechnung vom ...
über DM ... begleichen."


Vielen Dank im voraus und freundliche Grüße


(Unterschrift)
```

Originelle Mahnung

Ziel

- **Mahn-Strategie**
  - ✓ Vergnügt schmunzelnder Schuldner greift meist eher zum Scheckbuch als ein durch verdrießlichen Mahnbrief verärgerter Kunde.

- **Für welche Fälle geeignet?**
  - ✓ Bei eher lockeren Schuldnern.

- **Stil bzw. Tonart**
  - ✓ Locker bzw. sogar originell.

Praxis-Tip:

Nicht als verzugsbegründende Mahnung verwenden!

Die entsprechenden originellen Briefe der 2. Mahnstufe finden Sie ab Seite 104, die der 3. Mahnstufe ab Seite 158.

Erste Mahnstufe

Muster 16: originelle Mahnung

```
Name                                         Ort, Datum
Straße
Ort


Unsere Rechnung vom ...


Hallo, Frau ...,

wenn ich heute in Ihr Büro käme und fragen würde:
„Wie steht es denn mit meiner längst fälligen
Forderung über DM ...?"

Dann würden Sie bestimmt sofort Ihr Scheckbuch
zücken und einen Scheck über den offenen Betrag
ausstellen.

Können Sie ihn nicht gleich mit der Post
schicken? Das ist viel einfacher und würde uns
beiden viel Zeit ersparen.


Mit freundlichen Grüßen


(Unterschrift)
```

Originelle Mahnung

Ziel

- **Mahn-Strategie**
  - ✓ Vergnügt schmunzelnder Schuldner greift meist eher zum Scheckbuch als ein durch verdrießlichen Mahnbrief verärgerter Kunde.

- **Für welche Fälle geeignet?**
  - ✓ Zum Beispiel bei eher lockeren Chefinnen bzw. Chefs von Einzelfirmen.

- **Stil bzw. Tonart**
  - ✓ Locker bzw. sogar originell.

> **Praxis-Tip:**
> - Nicht als verzugsbegründende Mahnung verwenden!
> - Alternativ-Formulierung für Schlußsatz: Nachdem ich es Ihnen leider nicht so bequem machen kann, ...

Die entsprechenden originellen Briefe der 2. Mahnstufe finden Sie ab Seite 104, die der 3. Mahnstufe ab Seite 158.

Erste Mahnstufe

Muster 17: originelle Mahnung

```
Name                                         Ort, Datum
Straße
Ort

Unsere Rechnung vom ...

Guten Tag!
Ich bin der Computer der Firma ... Leider konnte ich
in o.g. Angelegenheit bislang noch keinen Zahlungs-
eingang verzeichnen.
Nachdem aber auch wir Computer nur Menschen sind,
möchte ich mich erst noch einmal vergewissern, ob
der Fehler nicht vielleicht doch bei mir liegt.
Bitte überprüfen Sie die Angelegenheit und faxen Sie
mir den nachfolgenden Antwortcoupon umgehend zurück.

Es grüßt Sie Ihr Computer der Firma ...
```
Antwortcoupon:
- ☐ Lieber Herr Computer, da liegen Sie aber völlig daneben! Ich habe die Rechnung nämlich bereits am ... per Überweisung bezahlt. Den Beleg faxe ich Ihnen nachfolgend zu.
- ☐ Sorry! Ihre Rechnung ist offenbar übersehen worden. Die Zahlung erfolgt bis spätestens ...
- ☐ Es tut mir leid, ich wollte wirklich überweisen, hatte aber Ihre Bankdaten gerade nicht bei der Hand.
- ☐ Mir liegt Ihre Rechnung nicht vor. Bitte übermitteln Sie mir eine Kopie.
- ☐ Ich übersende Ihnen in der Anlage einen Verrechnungsscheck über DM ... als ... Teilzahlung. Die Restzahlung stelle ich mir wie folgt vor: ....
- ☐ Ich habe Ihre Rechnung noch nicht bezahlt, weil ....
- ☐ Sonstiges: ....

Originelle Mahnung

Ziel

Mahn-Strategie

- ✓ Baut Brücke, animiert zur Reaktion.
- ✓ Geschickte Taktik: Alternativen anbieten, um Auswahl zu ermöglichen!
- ✓ Vergnügt schmunzelnder Schuldner greift meist eher zum Scheckbuch als ein durch verdrießlichen Mahnbrief verärgerter Kunde.

■ **Für welche Fälle geeignet?**

- ✓ Eher bei bekanntermaßen lockeren, nicht unbedingt bei konservativen Schuldnern.

■ **Stil bzw. Tonart**

- ✓ Originell

Praxis-Tip:

Nicht als verzugsbegründende Mahnung verwenden!

Die entsprechenden originellen Briefe der 2. Mahnstufe finden Sie ab Seite 104, die der 3. Mahnstufe ab Seite 158.

Erste Mahnstufe

Muster 18: originelle Mahnung

```
Name                                    Ort, Datum
Straße
Ort


MAHNUNG


Sehr geehrte Frau ...!

Sollte der noch offene Betrag in Höhe von ...
nicht bis spätestens ... bei uns eingegangen
sein, sind wir gezwungen, noch etwas länger zu
warten, so leid uns das tut.

Jetzt aber Spaß beiseite: Wir erwarten Ihre Zah-
lung nunmehr bis zum o. g. Zeitpunkt.


Mit freundlichen Grüßen


(Unterschrift)
```

Originelle Mahnung

Ziel

- **Mahn-Strategie**
  - ✓ Vergnügt schmunzelnder Schuldner greift meist eher zum Scheckbuch als ein durch verdrießlichen Mahnbrief verärgerter Kunde.

- **Für welche Fälle geeignet?**
  - ✓ Einzelfallentscheidung! Nicht bei bekanntermaßen spießigen, biederen, konservativen Schuldnern.

- **Stil bzw. Tonart**
  - ✓ Sehr originell.

> **Praxis-Tip:**
>
> - Nicht unbedingt als verzugsbegründende Mahnung verwenden!
>
> - Besonders originell, wenn man den kompletten letzten Satz des Textes sehr klein gestaltet.

Die entsprechenden originellen Briefe der 2. Mahnstufe finden Sie ab Seite 104, die der 3. Mahnstufe ab Seite 158.

Erste Mahnstufe

Muster 19: originelle Mahnung

```
Name                                          Ort, Datum
Straße
Ort


Unsere Rechnung vom ...


Sehr geehrter Herr ...

„Das Mahnen, Herr, ist eine schwere Kunst!
Sie werden's oft am eigenen Leib verspüren.
Man will das Geld, doch will man auch die Gunst
des werten Kunden nicht verlieren.

Allein der Stand der Kasse zwingt uns doch,
ein kurz' Gesuch bei Ihnen einzureichen:
Sie möchten uns, wenn möglich heute noch,
die unten aufgeführte Schuld begleichen."


Mit freundlichen Grüßen


(Unterschrift)
```

Originelle Mahnung

Ziel

- **Mahn-Strategie**
  - ✓ Poesie schafft Sympathie.
  - ✓ Vergnügt schmunzelnder Schuldner greift meist eher zum Scheckbuch als ein durch verdrießlichen Mahnbrief verärgerter Kunde.

- **Für welche Fälle geeignet?**
  - ✓ Einzelfallentscheidung! Nur bei ausgewählten Kunden verwenden.
  - ✓ Nicht unbedingt bei bekanntermaßen humorlosen, spießigen, konservativen Schuldnern.

- **Stil bzw. Tonart**
  - ✓ Sehr originell.

> **Praxis-Tip:**
> Nicht unbedingt als verzugsbegründende Mahnung verwenden!

Die entsprechenden originellen Briefe der 2. Mahnstufe finden Sie ab Seite 104, die der 3. Mahnstufe ab Seite 158.

Erste Mahnstufe

Muster 20: originelle Mahnung

```
Name                                          Ort, Datum
Straße
Ort



Zefix Halleluja!


Etz schauers blous, daß ball mei Rechnung vom ...
zohln. Bis zum ... moui des Geld fei aff jedn
Fall aff meim Konto hohm. Nedd dass des am End nu
a Fall firs Amtsgricht werd. Des mou ja ned unbe-
dingt sei.


(Unterschrift)
```

Originelle Mahnung

Ziel

- **Mahn-Strategie**
  - ✓ Erregt Aufmerksamkeit; Schuldner schenkt eher Beachtung!
  - ✓ Vergnügt schmunzelnder Schuldner greift meist eher zum Scheckbuch als ein durch verdrießlichen Mahnbrief verärgerter Kunde.

- **Für welche Fälle geeignet?**
  - ✓ Nur bei ausgewählten Schuldnern, nicht bei spießigen, humorlosen, konservativen Schuldnern!
  - ✓ Insbesondere gut einsetzbar, wenn der Gläubiger und/oder der Schuldner aus Bayern kommen.

- **Stil bzw. Tonart**
  - ✓ Sehr originell.

> **Praxis-Tip:**
> - Nicht unbedingt als verzugsbegründende Mahnung verwenden!
> - Alternativ-Formulierung für Zefix Halleluja: Himmi, Herrgott, Sakrament
> - Vor „Amtsgericht" eventuell noch in Klammer setzen: königlich bayrisches
> - Eventueller Zusatz: Mit freundlichen Grüßen aus Bayern (München)
> - Je nach Sprachregion kann der jeweils typische Dialekt in den Mahnbrief einfließen.

Die entsprechenden originellen Briefe der 2. Mahnstufe finden Sie ab Seite 104, die der 3. Mahnstufe ab Seite 158.

Die 2. Mahnstufe

3

Standard-Mahnungen:
Muster-Briefe 1 bis 10 70

Locker formulierte Mahnungen:
Muster-Briefe 11 bis 17 90

Originelle Mahnungen:
Muster-Briefe 18 bis 23 104

Zweite Mahnstufe

Muster 1: Standard-Mahnung

```
Name                                        Ort, Datum
Straße
Ort


Unsere Rechnung vom ...


Sehr geehrte Damen und Herren,

trotz unserer Mahnung vom ... wurde o.g. Rechnung
immer noch nicht ausgeglichen.

Wir müssen Sie demgemäß nunmehr mit aller Bestimmt-
heit auffordern, den laut unten stehender Auf-
stellung fälligen Betrag zur Vermeidung weiterer
Kosten und Unannehmlichkeiten bis spätestens ...
an uns zu überweisen.

Aufstellung:
Rechnung vom ... über           DM ...
Verzugszinsen (... % p.a.) =    DM ...
Mahnkosten 2 x DM 5,- =         DM 10,-
Summe                           DM ...


Mit freundlichen Grüßen


(Unterschrift)
```

Standard-Mahnung

Ziel

- **Mahn-Strategie**
  ✓ Schuldner schon etwas beeindrucken!

- **Für welche Fälle geeignet?**
  ✓ Nicht unbedingt bei ganz wichtigen Kunden.

- **Stil bzw. Tonart**
  ✓ Schlichter, nüchterner Sachstil, relativ energisch!

Die entsprechenden Standard-Briefe der 1. Mahnstufe finden Sie ab Seite 28, die der 3. Mahnstufe ab Seite 118.

Zweite Mahnstufe

Muster 2: Standard-Mahnung

```
Name                                         Ort, Datum
Straße
Ort


Unsere Forderung über DM ... gemäß Rechnung
vom ...


Sehr geehrte Damen und Herren,

leider haben wir auch auf unsere Mahnung vom ...
keine Reaktion von Ihnen erhalten.

Wir können uns dies nur so erklären, daß unsere
Mahnung nicht angekommen ist.

Wir bitten um Überprüfung des Sachverhalts und
gleichzeitig um Verständnis dafür, daß wir die
Zahlung nunmehr bis spätestens ... erwarten.


Mit freundlicher Empfehlung


(Unterschrift)
```

Standard-Mahnung

Ziel

- **Mahn-Strategie**
  - ✓ Kunden nicht verärgern, baut Brücke, positive Beziehungsebene bleibt!

- **Für welche Fälle geeignet?**
  - ✓ Insbesondere bei wichtigen Kunden!

- **Stil bzw. Tonart**
  - ✓ Sachlich, freundlich, verständnisvoll.

Die entsprechenden Standard-Briefe der 1. Mahnstufe finden Sie ab Seite 28, die der 3. Mahnstufe ab Seite 118.

Zweite Mahnstufe

Muster 3: Standard-Mahnung

```
Name                                    Ort, Datum
Straße
Ort


Unsere Forderung über DM ...


Sehr geehrte Frau ...,

haben Sie unsere Mahnung vom ... übersehen?

Damit Sie sie nicht erst mühsam heraussuchen las-
sen müssen, fügen wir nochmals eine Kopie in der
Anlage bei.

Bitte veranlassen Sie das Notwendige in den näch-
sten Tagen.


Mit freundlichen Grüßen


(Unterschrift)


Anlage
Mahnungskopie
```

Standard-Mahnung

Ziel

- **Mahn-Strategie**
  - ✓ Kunden nicht verärgern, baut Brücke, positive Beziehungsebene bleibt!

- **Für welche Fälle geeignet?**
  - ✓ Bei guten, ständigen Kunden!

- **Stil bzw. Tonart**
  - ✓ Freundlich, verbindlich.

Praxis-Tip:

Alternativ-Formulierung für Mahnung: Zahlungserinnerung

Die entsprechenden Standard-Briefe der 1. Mahnstufe finden Sie ab Seite 28, die der 3. Mahnstufe ab Seite 118.

Zweite Mahnstufe

Muster 4: Standard-Mahnung

```
Name                                          Ort, Datum
Straße
Ort


Unsere Rechnung vom ...


Sehr geehrte Damen und Herren,

Sie wissen, daß wir uns alle Mühe gegeben haben,
Sie immer pünktlich und zuverlässig zu bedienen.

Wir sind deshalb überrascht, daß Sie auf unsere
Mahnung vom ... die schon längst fällige Rechnung
über DM ... nicht beglichen haben.

Daß dies nicht mit Absicht geschehen ist,
können Sie uns leicht mit Ihrer Überweisung bzw.
einem Scheck beweisen. Wir rechnen damit bis
spätestens ...


Mit freundlichen Grüßen


(Unterschrift)
```

Standard-Mahnung

Ziel

- **Mahn-Strategie**
  - ✓ Appell an Vertragstreue, Gerechtigkeitssinn, Billigkeitsempfinden (Stichwort: bei kaufmännischer Ehre packen!).
  - ✓ Baut Brücke, positive Beziehungsebene bleibt!

- **Für welche Fälle geeignet?**
  - ✓ Bei wichtigen, ständigen Kunden.

- **Stil bzw. Tonart**
  - ✓ Sehr moderat und verbindlich.

Die entsprechenden Standard-Briefe der 1. Mahnstufe finden Sie ab Seite 28, die der 3. Mahnstufe ab Seite 118.

Zweite Mahnstufe

Muster 5: Standard-Mahnung

```
Name                                    Ort, Datum
Straße
Ort


Unsere Rechnung vom ...

Unsere Mahnung vom ...


Sehr geehrter Herr ...,

wären Sie nicht erstaunt gewesen, wenn wir Ihren
Auftrag drei Wochen lang unerledigt liegen gelas-
sen hätten und auf Ihre Anfrage nicht einmal die
Lieferfrist angegeben hätten?

Ebenso erstaunt uns Ihr Verhalten, sowohl auf
unsere Rechnung als auch auf unsere Mahnung über-
haupt nicht zu reagieren. Wir haben doch gewiß
alles getan, um Sie durch pünktliche und einwand-
freie Lieferung zufriedenzustellen.

Verübeln Sie es uns daher nicht, wenn wir Sie
hiermit erneut darum bitten, durch Bezahlung des
geschuldeten Betrags Ihren Verpflichtungen nach-
zukommen.


Mit freundlichen Grüßen


(Unterschrift)
```

Standard-Mahnung

Ziel

- **Mahn-Strategie**
  ✓ Appell an Vertragstreue, Gerechtigkeitssinn, Billigkeitsempfinden.

- **Für welche Fälle geeignet?**
  ✓ Bei allen Kunden, die man korrekt beliefert hat.

- **Stil bzw. Tonart**
  ✓ Relativ moderat und verbindlich.

Die entsprechenden Standard-Briefe der 1. Mahnstufe finden Sie ab Seite 28, die der 3. Mahnstufe ab Seite 118.

Zweite Mahnstufe

Muster 6: Standard-Mahnung

```
Name                                    Ort, Datum
Straße
Ort


Unsere Rechnung vom ...
Unsere Mahnung vom ...


Sehr geehrte Damen und Herren,

niemand schreibt gern Mahnungen.
Auch wir nicht!

Rein rechtlich könnten wir Ihnen jetzt Mahnge-
bühren und Verzugszinsen in Rechnung stellen. Wir
sehen hiervon jedoch noch einmal ab und hoffen,
daß Sie sich für diese kulante Haltung mit einer
postwendenden Überweisung revanchieren werden.


Mit freundlichem Gruß


(Unterschrift)
```

Standard-Mahnung

Ziel

- **Mahn-Strategie**
  - ✓ Schuldner zur Zahlung motivieren, Beziehungsebene positiv erhalten

- **Für welche Fälle geeignet?**
  - ✓ Nahezu immer einsetzbar.

- **Stil bzw. Tonart**
  - ✓ Moderat, wohlwollend.

Die entsprechenden Standard-Briefe der 1. Mahnstufe finden Sie ab Seite 28, die der 3. Mahnstufe ab Seite 118.

Zweite Mahnstufe

Muster 7: Standard-Mahnung

```
Name                                    Ort, Datum
Straße
Ort


Unsere Rechnung vom ...


Sehr geehrte Damen und Herren,

da Sie auch auf unser Mahnschreiben vom ... in
keinster Weise reagiert haben, ist für uns leider
nicht ersichtlich, wie Sie gedenken, Ihren Ver-
pflichtungen uns gegenüber nachzukommen.

Wir bitten Sie, sich darüber doch endlich zu
äußern, damit Ihnen und auch uns weitere Kosten,
Unannehmlichkeiten sowie Verdruß erspart
bleiben.


Mit freundlichen Grüßen


(Unterschrift)
```

Standard-Mahnung

Ziel

- **Mahn-Strategie**
  - ✓ Zur Reaktion animieren.

- **Für welche Fälle geeignet?**
  - ✓ Zum Beispiel bei einer etwas höheren Forderung gegenüber einem Neukunden, nicht unbedingt bei ganz wichtigen Kunden verwenden!

- **Stil bzw. Tonart**
  - ✓ Schon etwas härter formuliert.

Die entsprechenden Standard-Briefe der 1. Mahnstufe finden Sie ab Seite 28, die der 3. Mahnstufe ab Seite 118.

Zweite Mahnstufe

Muster 8: Standard-Mahnung

```
Name                                           Ort, Datum
Straße
Ort

Unsere Rechnung vom ...
Unsere Mahnung vom ...

Sehr geehrte Damen und Herren,
wir können uns nicht vorstellen, daß Sie die Dinge auf
die Spitze treiben wollen, sondern nehmen an, daß Sie
triftige Gründe für die Zahlungsverzögerung haben.
Sollte es Ihnen vielleicht im Augenblick nicht mög-
lich sein, den vollen Betrag aufzubringen, weil Sie
eventuell selber Außenstände haben, so wären wir die
letzten, die in einem solchen Fall nicht mit sich
reden ließen.
Unsere grundsätzliche Kompromißbereitschaft zeigt
Ihnen der beiliegende Antwortcoupon mit Freiumschlag.

Mit freundlichen Grüßen

(Unterschrift)

Anlagen:
Antwortcoupon, Freiumschlag
```

Antwortcoupon:

☐ Zum Ausgleich Ihrer Rechnung vom ... sende ich Ihnen anlie-
    gend einen Verrechnungsscheck über DM ...

☐ Ich muß den beiliegenden Verrechnungsscheck über DM ... auf
    den ... vordatieren, da mir im Moment die flüssigen Mittel
    fehlen.

☐ Ich werde den fälligen Betrag spätestens bis zum ... über-
    weisen.

☐ Ich möchte Ihre Rechnung in monatlichen Raten von DM ...
    begleichen, beginnend am ...

☐ Heute übersende ich Ihnen per Verrechnungsscheck eine Teil-
    zahlung über DM ..., die Tilgung der Restschuld stelle ich
    mir wie folgt vor: ....

☐ Anderer Vorschlag: ....

Standard-Mahnung

Ziel

- **Strategie**
  - ✓ Zur Reaktion animieren, aus Schneckenhaus locken.
  - ✓ Taktik: Alternativen stellen, Auswahl ermöglichen.

- **Für welche Fälle geeignet?**
  - ✓ Bei wichtigen Kunden.

- **Stil bzw. Tonart**
  - ✓ Wohlwollend, verbindlich.

Die entsprechenden Standard-Briefe der 1. Mahnstufe finden Sie ab Seite 28, die der 3. Mahnstufe ab Seite 118.

Zweite Mahnstufe

Muster 9: Standard-Mahnung

```
Name                                    Ort, Datum
Straße
Ort


Unsere Rechnung vom ...


Sehr geehrte Damen und Herren,

leider konnten wir auch auf unsere Mahnung
vom ... keinen Zahlungseingang verzeichnen.

Haben Sie vielleicht momentan einen finanziellen
Engpaß? So etwas gibt es überall einmal!

Was es aber nicht geben sollte, ist der Abbruch
des Gesprächs miteinander.

Wenn Probleme bestehen, sollte man sich gemeinsam
um eine vernünftige Lösung bemühen.

Bitte schreiben Sie uns, wie wir zu unserem Geld
kommen können, ohne Ihnen zu nahe zu treten.


Es grüßt Sie freundlich,


(Unterschrift)
```

Standard-Mahnung

Ziel

- **Mahn-Strategie**
  ✓ Aus Schneckenhaus locken, eine Brücke bauen.

- **Für welche Fälle geeignet?**
  ✓ Bei wichtigen Kunden.

- **Stil bzw. Tonart**
  ✓ Verbindlich, moderat.

Die entsprechenden Standard-Briefe der 1. Mahnstufe finden Sie ab Seite 28, die der 3. Mahnstufe ab Seite 118.

Zweite Mahnstufe

Muster 10: Standard-Mahnung

```
Name                                    Ort, Datum
Straße
Ort


Forderungsausgleich


Sehr geehrte Damen und Herren,

wir haben leider keine Möglichkeit festzustellen,
warum Sie unsere Rechnung vom ... über DM ...
trotz unserer Mahnung vom ... immer noch nicht
beglichen haben. Wir können nur Vermutungen
anstellen:

- Haben Sie die Angelegenheit einfach nur überse-
  hen oder

- haben Sie vielleicht momentan einen kleinen
  finanziellen Engpaß wegen eigener Außenstände?

Es kostet Sie doch nur wenige Minuten, uns anzu-
rufen oder einen kurzen Brief zu schreiben, um
die Sachlage zu erklären. Ein für beide Seiten
akzeptabler Kompromiß ließe sich erforderlichen-
falls bestimmt erzielen.

Am liebsten wäre es uns allerdings, wenn wir in
den nächsten Tagen eine Gutschriftsanzeige von
unserer Bank oder aber von Ihnen einen Scheck
über den offenen Betrag erhielten.


Mit freundlicher Empfehlung


(Unterschrift)
```

Standard-Mahnung

Ziel

- **Mahn-Strategie**
  - ✓ Zur Reaktion animieren, aus dem Schneckenhaus locken.
  - ✓ Gehen Sie ausführlicher auf eventuelle Probleme des Schuldners ein und zeigen Sie ihm dadurch, daß Sie ihn respektieren.

- **Für welche Fälle geeignet?**
  - ✓ Nur bei wichtigen Kunden!

- **Stil bzw. Tonart**
  - ✓ Moderat, verbindlich.

Die entsprechenden Standard-Briefe der 1. Mahnstufe finden Sie ab Seite 28, die der 3. Mahnstufe ab Seite 118.

Zweite Mahnstufe

Muster 11: locker formulierte Mahnung

```
Name                                    Ort, Datum
Straße
Ort


Unsere Rechnung vom ...
Unsere Mahnung vom ...


Sehr geehrter Herr ...,

nun muß ich Ihnen noch mal schreiben.

Sicherlich haben Sie einen Grund, warum Sie weder
zahlen noch unsere Mahnung beantworten. Sollten
wir nicht offen darüber sprechen?

Ein eventueller Ratenzahlungsvorschlag von Ihnen
könnte z.B. meine Zustimmung finden, wenn er mit
einer sofortigen, angemessenen Anzahlung verbun-
den ist.

Bitte setzen Sie sich diesbezüglich umgehend mit
mir in Verbindung.


Mit freundlichen Grüßen


(Unterschrift)
```

Locker formulierte Mahnung

Ziel

- **Mahn-Strategie**
  - ✓ Zur Reaktion animieren, aus dem Schneckenhaus locken.

- **Für welche Fälle geeignet?**
  - ✓ Nur bei wichtigen Kunden.

- **Stil bzw. Tonart**
  - ✓ Verbindlich, etwas lockerer, aber auch konkreter formuliert.

> **Praxis-Tip:**
>
> Alternativ-Formulierung: Mit einer Begleichung der Schuld in angemessenen Monatsraten wäre ich ggf. einverstanden.

Die entsprechenden locker formulierten Briefe der 1. Mahnstufe finden Sie ab Seite 40, die der 3. Mahnstufe ab Seite 146.

Zweite Mahnstufe

Muster 12: locker formulierte Mahnung

```
Name                                          Ort, Datum
Straße
Ort


Unsere Rechnung vom ... über DM ...


Sehr geehrte Damen und Herren,

leider haben wir auch auf unsere Mahnung vom ...
weder die Zahlung noch eine Nachricht von Ihnen
erhalten.

Vielleicht kann die beiliegende Briefmarke Sie
dazu veranlassen, uns wenigstens den Grund für
die Zahlungsverzögerung schriftlich mitzuteilen.

An Entgegenkommen würden wir es erforderlichen-
falls bestimmt nicht fehlen lassen.


Mit erwartungsvollen Grüßen


(Unterschrift)


Anlage:
Briefmarke
```

Locker formulierte Mahnung

Ziel

- **Mahn-Strategie**
  - ✓ Zur Reaktion animieren, aus dem Schneckenhaus locken.
  - ✓ Briefmarke erzeugt einen gewissen psychologischen Druck!

- **Für welche Fälle geeignet?**
  - ✓ Bei guten Kunden!

- **Stil bzw. Tonart**
  - ✓ Pfiffig.

Die entsprechenden locker formulierten Briefe der 1. Mahnstufe finden Sie ab Seite 40, die der 3. Mahnstufe ab Seite 146.

Zweite Mahnstufe

Muster 13: locker formulierte Mahnung

```
Name                                    Ort, Datum
Straße
Ort


Unsere Rechnung vom ... über DM ...
Unsere Mahnung vom ...


Sehr geehrte Damen und Herren,

anbei die Postgebühren für die Übersendung Ihres
Verrechnungsschecks in Form einer Briefmarke.

Wir sind überzeugt, daß Sie jetzt unserer Bitte
entsprechen werden und erwarten Ihren Scheck in
den nächsten Tagen.


Mit freundlichen Grüßen


(Unterschrift)


Anlage:
Briefmarke
```

Locker formulierte Mahnung

Ziel

- **Mahn-Strategie**
  - ✓ In der Kürze liegt die Würze.
  - ✓ Briefmarke erzeugt einen gewissen psychologischen Druck (bringt in Zugzwang!).

- **Für welche Fälle geeignet?**
  - ✓ Zumindest bei Geschäftskunden immer einsetzbar.

- **Stil bzw. Tonart**
  - ✓ Pfiffig.

Die entsprechenden locker formulierten Briefe der 1. Mahnstufe finden Sie ab Seite 40, die der 3. Mahnstufe ab Seite 146.

Zweite Mahnstufe

Muster 14: locker formulierte Mahnung

```
Name                                    Ort, Datum
Straße
Ort


Unsere Rechnung vom ...
Unsere Mahnung vom ...


Sehr geehrte Damen und Herren,

bitte bedenken Sie: Da Ärger unserer Gesundheit
schadet, sollten wir ihn uns und unseren
Geschäftspartnern ersparen, indem wir unsere
Rechnungen pünktlich begleichen.

Zwar erledigt sich so manches durch Liegenlassen
von selbst, dies gilt allerdings nicht für offene
Rechnungen bzw. Mahnbriefe!

Am besten stellen Sie gleich einen Scheck über
den offenen Betrag aus und senden ihn noch heute
im beiliegenden Freiumschlag an uns.

Besten Dank im voraus,


mit freundlichen Grüßen


(Unterschrift)


Anlage:
Freiumschlag
```

Locker formulierte Mahnung

Ziel

- **Mahn-Strategie**
  ✓ Impuls zu spontaner Reaktion auslösen.

- **Für welche Fälle geeignet?**
  ✓ Bei Geschäftskunden immer einsetzbar.

- **Stil bzw. Tonart**
  ✓ Locker.

Die entsprechenden locker formulierten Briefe der 1. Mahnstufe finden Sie ab Seite 40, die der 3. Mahnstufe ab Seite 146.

Zweite Mahnstufe

Muster 15: locker formulierte Mahnung

```
Name                                          Ort, Datum
Straße
Ort


Unsere Rechnung vom ...
Unsere Mahnung vom ...


Sehr geehrter Kunde,
```
- **SOS!**
- Haben Sie uns vergessen?
- Haben wir irgend etwas falsch gemacht?
- Gibt es irgendein Problem?

```
Bitte zahlen Sie bis zum ... bzw. schreiben Sie
uns wenigstens ein paar Zeilen, warum Sie bis
heute nicht bezahlt haben.


Mit freundlicher Empfehlung


(Unterschrift)
```

Locker formulierte Mahnung

Ziel

- **Mahn-Strategie**
  - ✓ In der Kürze liegt die Würze.
  - ✓ Fragen lösen Denkprozesse aus bzw. beeinflussen (Wer fragt, führt!).

- **Für welche Fälle geeignet?**
  - ✓ Nicht bei biederen, konservativen Schuldnern.

- **Stil bzw. Tonart**
  - ✓ Flott, salopp.

Die entsprechenden locker formulierten Briefe der 1. Mahnstufe finden Sie ab Seite 40, die der 3. Mahnstufe ab Seite 146.

Zweite Mahnstufe

Muster 16: locker formulierte Mahnung

```
Name                                    Ort, Datum
Straße
Ort


Unsere Rechnung vom ... über DM ...
Unsere Mahnung vom ...


Sehr geehrte Frau ...,
auch wir kennen den Spruch: „Vom ersten Streiche
fällt noch keine Eiche."
Wir hoffen jedoch, daß wenigstens unsere zweite
Mahnung den gewünschten Erfolg nach sich zieht.
Bitte überweisen Sie bis spätestens ...


Mit freundlichem Gruß


(Unterschrift)
```

Locker formulierte Mahnung

Ziel

- **Mahn-Strategie**
  - ✓ Poesie schafft Sympathie.
  - ✓ In der Kürze liegt die Würze.

- **Für welche Fälle geeignet?**
  - ✓ Fast immer einsetzbar.

- **Stil bzw. Tonart**
  - ✓ Locker, salopp.

Die entsprechenden locker formulierten Briefe der 1. Mahnstufe finden Sie ab Seite 40, die der 3. Mahnstufe ab Seite 146.

Zweite Mahnstufe

Muster 17: locker formulierte Mahnung

```
Name                                        Ort, Datum
Straße
Ort


Unsere Forderung über DM ...


Guten Tag,

leider hat unser Computer in o. g. Angelegenheit
immer noch keine Entwarnung geben können.

Er ist der Auffassung, daß Sie uns einen Grund
- wenn Sie einen haben - für die Nichtbegleichung
unserer Rechnung doch sicher bereits mitgeteilt
hätten.

Er geht deshalb davon aus, daß von unserer Seite
aus alles in Ordnung war und erwartet Ihre Zah-
lung bis spätestens ...

Bitte enttäuschen Sie ihn nicht!


Mit freundlichen Grüßen


(Unterschrift)
```

Locker formulierte Mahnung

Ziel

- **Mahn-Strategie**
  - ✓ Vergnügt schmunzelnder Schuldner greift meist eher zum Scheckbuch als ein durch verdrießlichen Mahnbrief verärgerter Kunde.

- **Für welche Fälle geeignet?**
  - ✓ Nicht bei konservativen Schuldnern.

- **Stil bzw. Tonart**
  - ✓ Locker.

Praxis-Tip:

Fortsetzung der Mahn-Brief-Reihe (vgl. Sie 1. Mahnstufe: Muster 17 auf Seite 60).

Die entsprechenden locker formulierten Briefe der 1. Mahnstufe finden Sie ab Seite 40, die der 3. Mahnstufe ab Seite 146.

Zweite Mahnstufe

Muster 18: originelle Mahnung

```
Name                                        Ort, Datum
Straße
Ort


Unsere Rechnung vom ...
Unsere Mahnung vom ...

Sehr geehrter Herr ...,

erinnern Sie sich, daß Sie einem Bekannten ...
einmal Geld geliehen haben?

Nach drei Wochen trafen Sie ihn auf der Straße:
„Nun ..., wie steht's denn mit meinen ... DM?"
Lief Ihr Bekannter da vielleicht auf der Stelle
weg und gab keine Antwort? Sicherlich nicht.

Er sagte entweder: „Aber natürlich, hier sind
sie, das hatte ich ja ganz vergessen", oder er
sagte: „Tut mir leid, ich habe gerade nicht so
viel bei mir, aber nächste Woche bekommst du das
Geld", und er hielt sein Wort.

Sind Sie eigentlich nie auf den Gedanken gekom-
men, daß es ebenso unhöflich ist, einen Mahnbrief
völlig unbeachtet zu lassen, wie wenn sich Ihr
Bekannter ohne ein Wort von Ihnen abgewandt
hätte? Wir sind überzeugt, daß Sie nicht so
unhöflich sein wollen.

Deshalb sind wir sicher, daß Sie diesen Brief,
mit dem wir erneut um die Bezahlung unserer Rech-
nung über DM ... bitten, nicht einfach beiseite
legen, sondern daß Sie die Angelegenheit nunmehr
durch umgehende Zahlung aus der Welt schaffen.

Mit freundlicher Empfehlung

(Unterschrift)
```

Originelle Mahnung

Ziel

- **Mahn-Strategie**
  - ✓ Wer fragt, führt.
  - ✓ Fragen lösen Denkprozesse aus bzw. beeinflussen!

- **Für welche Fälle geeignet?**
  - ✓ Nur in ausgewählten Fällen (bei schweigendem Schuldner).

- **Stil bzw. Tonart**
  - ✓ Locker bzw. sogar originell.

> **Praxis-Tip:**
> Alternativ-Formulierung bei weiblichem Schuldner: „Ihrer Freundin" (Bekannten).

Die entsprechenden originellen Briefe der 1. Mahnstufe finden Sie ab Seite 56, die der 3. Mahnstufe ab Seite 158.

Zweite Mahnstufe

Muster 19: originelle Mahnung

```
Name                                    Ort, Datum
Straße
Ort


Unsere Rechnung vom ...
Unsere Mahnung vom ...


Sehr geehrte Damen und Herren,

wir wären Ihnen auf ewig zu allergrößtem Dank
verpflichtet, wenn Sie die Liebenswürdigkeit
besäßen, unsere Rechnung - selbstverständlich
nur, wenn es Ihnen keine allzu großen Umstände
bereitet - bei Gelegenheit vielleicht doch noch
zu begleichen.

Zahlen Sie jetzt bitte bis spätestens ...


Mit freundlichem Gruß


(Unterschrift)
```

Originelle Mahnung

Ziel

- **Mahn-Strategie**
  - ✓ Vergnügt schmunzelnder Schuldner greift meist eher zum Scheckbuch als ein durch verdrießlichen Mahnbrief verärgerter.

- **Für welche Fälle geeignet?**
  - ✓ Nur in ausgewählten Fällen, bestimmt nicht jedermanns Sache!

- **Stil bzw. Tonart**
  - ✓ Ironisch originell.

Die entsprechenden originellen Briefe der 1. Mahnstufe finden Sie ab Seite 56, die der 3. Mahnstufe ab Seite 158.

Zweite Mahnstufe

Muster 20: originelle Mahnung

```
Name                                    Ort, Datum
Straße
Ort


Unsere Rechnung vom ... über DM ...
Unsere Mahnung vom ...


SOS!


Helfen Sie uns, unsere Firma vor dem Ruin zu
bewahren. Ein reitender Geldbote könnte uns viel-
leicht noch retten. Bitte schicken Sie ihn mög-
lichst noch heute los!

Nun aber Spaß beiseite! Statt eines reitenden
Geldbotens würde es auch ein Scheck tun. Bitte
einfach in den beiliegenden Freiumschlag stecken
und bis spätestens ... an uns schicken.



Mit freundlichen Grüßen


(Unterschrift)


Anlage:
Freiumschlag
```

Originelle Mahnung

Ziel

- **Mahn-Strategie**
  - ✓ Vergnügt schmunzelnder Schuldner greift meist eher zum Scheckbuch als ein durch verdrießlichen Mahnbrief verärgerter.

- **Für welche Fälle geeignet?**
  - ✓ Nicht bei biederen, konservativen, überseriösen Schuldnern.

- **Stil bzw. Tonart**
  - ✓ Originell.

Die entsprechenden originellen Briefe der 1. Mahnstufe finden Sie ab Seite 56, die der 3. Mahnstufe ab Seite 158.

Zweite Mahnstufe

Muster 21: originelle Mahnung

```
Name                                    Ort, Datum
Straße
Ort


Unsere Forderung über DM ...
gemäß Rechnung vom ...


Sehr geehrte Frau ...!

Jeder kann in der geschäftlichen
Hektik einmal etwas übersehen,
dies ist wohl auch mit unserer
ersten Mahnung geschehen.

Nachdem jedoch auch wir
nur „mit Wasser kochen",
müssen wir jetzt doch auf
umgehende Zahlung pochen.

Schaffen Sie bitte die Sache
doch noch gütlich aus der Welt,
indem Sie uns noch heute
überweisen das Geld.


Mit freundlichen Grüßen


(Unterschrift)
```

Originelle Mahnung

Ziel

- **Mahn-Strategie**
  - ✓ Poesie schafft Sympathie.
  - ✓ Vergnügt schmunzelnder Schuldner greift meist eher zum Scheckbuch als ein durch verdrießlichen Mahnbrief verärgerter.

- **Für welche Fälle geeignet?**
  - ✓ Bei guten, nicht ganz humorlosen Geschäftskunden.

- **Stil bzw. Tonart**
  - ✓ Originell.

Die entsprechenden originellen Briefe der 1. Mahnstufe finden Sie ab Seite 56, die der 3. Mahnstufe ab Seite 158.

Zweite Mahnstufe

Muster 22: originelle Mahnung

```
Name                                          Ort, Datum
Straße
Ort


Unsere Rechnung vom ...
Unsere Mahnung vom ...


Sehr geehrter Herr Kunde!

Vorsicht, sonst macht es die Runde,
daß Sie sind ein nicht solventer Mann,
der seine Rechnungen nicht bezahlen kann.

Um diese Gefahr aus der Welt zu schaffen,
greifen Sie bitte zu den richtigen Waffen
und begleichen Sie Ihre Schuld,
bevor wir verlieren die Geduld.

Ansonsten erhalten Sie
das nächste Mal nicht mehr ein Gedicht,
sondern einen Schrieb vom Mahngericht.


Mit freundlichen Grüßen


(Unterschrift)
```

Originelle Mahnung

Ziel

- **Mahn-Strategie**
  - ✓ Mit Poesie beeindrucken (provozieren).

- **Für welche Fälle geeignet?**
  - ✓ Nur in ausgewählten Fällen.
  - ✓ Bestimmt nicht jedermanns Sache! Auf keinen Fall bei wichtigen Kunden verwenden!

- **Stil bzw. Tonart**
  - ✓ Originell, frech, dreist (wohl aggressivste 2. Mahnung!).

> **Praxis-Tip:**
> Eignet sich auch für die 3. Mahnstufe.

Die entsprechenden originellen Briefe der 1. Mahnstufe finden Sie ab Seite 56, die der 3. Mahnstufe ab Seite 158.

Zweite Mahnstufe

Muster 23: originelle Mahnung

```
Name                                        Ort, Datum
Straße
Ort


Unsere Rechnung vom ...
Unsere Mahnung vom ...


Sehr geehrte Damen und Herren,

in der Anlage übersenden wir Ihnen eine Büro-
klammer. Es handelt sich dabei um eine Klammer
mit magischer Wirkung. Sie wird nämlich Ihnen und
uns einen Haufen Unannehmlichkeiten ersparen.

Es ist die Büroklammer, die Sie benötigen, um
Ihren Scheck an die beiliegende Rechnungskopie
zu heften.

Bitte beeilen Sie sich! Wir brauchen diese Klam-
mer auch noch für andere Kunden.



Mit freundlichen Grüßen


(Unterschrift)


Anlage:
- Rechnungskopie
- Büroklammer
```

Originelle Mahnung

Ziel

- **Mahn-Strategie**
  - ✓ Vergnügt schmunzelnder Schuldner greift meist eher zum Scheckbuch als ein durch verdrießlichen Mahnbrief verärgerter Kunde.

- **Für welche Fälle geeignet?**
  - ✓ Nur bei absolut humorlosen, konservativen Schuldnern nicht einsetzbar.

- **Stil bzw. Tonart**
  - ✓ Sehr originell.

Praxis-Tip:

Evtl. nach Unterschrift:

PS: Das Lächeln, das Ihnen dieser Mahnbrief möglicherweise entlockt, wird im übrigen nicht besonders verrechnet.

Die entsprechenden originellen Briefe der 1. Mahnstufe finden Sie ab Seite 56, die der 3. Mahnstufe ab Seite 158.

Die 3. Mahnstufe

4

Standard-Mahnungen:
Muster-Briefe 1 bis 14 118

Locker formulierte Mahnungen:
Muster-Briefe 15 bis 20 146

Originelle Mahnungen:
Muster-Briefe 21 bis 23 158

Dritte Mahnstufe

Muster 1: Standard-Mahnung

```
Name                                    Ort, Datum
Straße
Ort


Unsere Rechnung vom ...


Sehr geehrte Damen und Herren,

trotz zweifacher Mahnung ist die o. g. Rechnung
immer noch nicht beglichen. Wir fordern Sie hier-
mit letztmalig zur Zahlung des Betrags i.H.v.
DM ... bis spätestens ... auf.

Nach erfolglosem Ablauf dieser neuerlichen Frist
wären wir gezwungen, entweder ein Inkassounter-
nehmen mit der Einziehung der Forderung zu beauf-
tragen oder aber ohne weitere vorherige Ankündi-
gung gerichtliche Schritte einzuleiten.



Mit freundlichen Grüßen


(Unterschrift)
```

Standard-Mahnung

Ziel

- **Mahn-Strategie**
  - ✓ Schuldner beeindrucken durch Androhung unangenehmer Konsequenzen.

- **Für welche Fälle geeignet?**
  - ✓ Meist einsetzbar, außer vielleicht bei ganz wichtigen Kunden, die man auf keinen Fall verlieren will.

- **Stil bzw. Tonart**
  - ✓ Energisch, massiv drohend.

Praxis-Tip:

- Derartige 3. Mahnung – um den Schuldner noch mehr zu beeindrucken – evtl. durch Gerichtsvollzieher zustellen lassen!

- Mahnungs-Zugang ist mit einem Gerichtsvollzieher eindeutig nachweisbar.

Die entsprechenden Standard-Briefe der 1. Mahnstufe finden Sie ab Seite 28, die der 2. Mahnstufe ab Seite 70.

Dritte Mahnstufe

Muster 2: Standard-Mahnung

```
Name                                          Ort, Datum
Straße
Ort


Unsere Rechnung vom ... über DM ...


Sehr geehrte Damen und Herren,

leider haben Sie unsere beiden Mahnungen vom ...
und vom ... unbeachtet gelassen.

Würde es Ihnen vielleicht gefallen, wenn Zinsver-
luste, die Sie auf Ihre Außenstände erleiden,
Ihre Gewinne aufzehren?

Sollten wir auch bis zum ... keinen Zahlungsein-
gang verzeichnen können, so sähen wir uns gezwun-
gen, von unseren rechtlichen Möglichkeiten
Gebrauch zu machen.

Vermeiden Sie bitte die damit verbundenen Kosten
und Unannehmlichkeiten, indem Sie den offenen
Betrag rechtzeitig überweisen.



Mit freundlichen Grüßen


(Unterschrift)
```

Standard-Mahnung

Ziel

- **Mahn-Strategie**
  - ✓ Schuldner beeindrucken durch Drohung mit nicht konkretisierten Konsequenzen.

- **Für welche Fälle geeignet?**
  - ✓ Bei gewerblichen Schuldnern meist einsetzbar, außer vielleicht bei ganz besonders wichtigen Kunden.

- **Stil bzw. Tonart**
  - ✓ Warnend, jedoch immer noch relativ moderat.

> **Praxis-Tip:**
>
> Denken Sie nach zwei erfolglosen Mahnungen auch darüber nach, ob Sie jetzt nicht vielleicht als letzten Versuch das in vielen Fällen hochwirksame Instrument der telefonischen Mahnung einsetzen sollten.

Die entsprechenden Standard-Briefe der 1. Mahnstufe finden Sie ab Seite 28, die der 2. Mahnstufe ab Seite 70.

Dritte Mahnstufe

Muster 3: Standard-Mahnung

```
Name                                    Ort, Datum
Straße
Ort


Unsere Rechnung vom ...
Unsere Mahnungen vom ... und vom ...


Sehr geehrte Damen und Herren,

wir unternehmen hiermit den allerletzten Versuch,
die leidige Angelegenheit doch noch gütlich aus
der Welt zu schaffen.

Sollte allerdings auch bis zum ... kein Zahlungs-
eingang zu verzeichnen sein, können Sie sicher
sein, daß wir uns nicht scheuen werden, mit allen
uns zur Verfügung stehenden Mitteln gegen Sie
vorzugehen.


(Unterschrift)
```

Standard-Mahnung

Ziel

- **Mahn-Strategie**
  ✓ Schuldner beeindrucken durch Drohung mit nicht konkretisierten Konsequenzen.

- **Stil bzw. Tonart**
  ✓ Eindringlich, massiv drohend.

- **Für welche Fälle geeignet?**
  ✓ Nicht bei wichtigen Kunden, die man auf keinen Fall verlieren will.

Die entsprechenden Standard-Briefe der 1. Mahnstufe finden Sie ab Seite 28, die der 2. Mahnstufe ab Seite 70.

Dritte Mahnstufe

Muster 4: Standard-Mahnung

```
Name                                    Ort, Datum
Straße
Ort


Unsere Rechnung vom ... über DM ...


Sehr geehrte Damen und Herren,

nachdem Sie auf unsere beiden Mahnungen in kein-
ster Weise reagiert haben, können auch wir jetzt
keine Rücksicht mehr auf Sie nehmen.

Wir haben uns demgemäß nunmehr entschlossen,
gerichtlich gegen Sie vorzugehen. Den Antrag auf
Erlaß eines gerichtlichen Mahnbescheids werden
wir am ... beim Amtsgericht einreichen.

Bis zu diesem Zeitpunkt haben Sie also noch die
Gelegenheit, Ihre Verbindlichkeiten zu begleichen.

Noch liegt es in Ihrer Hand!


(Unterschrift)
```

Standard-Mahnung

Ziel

- **Mahn-Strategie**
  - ✓ Muskeln spielen lassen.
  - ✓ Dem Schuldner den Ernst der Lage klarmachen.

- **Für welche Fälle geeignet?**
  - ✓ Nicht bei wichtigen Kunden, eher bei Privatschuldnern.

- **Stil bzw. Tonart**
  - ✓ Energisch, massiv drohend.

Praxis-Tip:

Noch wirkungsvoller, wenn man dem Schreiben eine Fotokopie des bereits vollständig ausgefüllten Mahnbescheids beilegt!

Die entsprechenden Standard-Briefe der 1. Mahnstufe finden Sie ab Seite 28, die der 2. Mahnstufe ab Seite 70.

Dritte Mahnstufe

Muster 5: Standard-Mahnung

```
Name                                    Ort, Datum
Straße
Ort


Unsere Rechnung vom ... über DM ...
Unsere Mahnungen vom ... und vom ...


Sehr geehrte Damen und Herren,

Sie können uns nicht zumuten, daß wir in dieser
Sache noch weitere Mahnungen an Sie richten,
während Sie es vorziehen zu schweigen.

Wir haben deshalb unseren Rechtsanwalt,
Herrn Dr. ..., beauftragt, in genau 14 Tagen ab
Datum dieses Schreibens gerichtlich gegen Sie
vorzugehen, wenn bis dahin unsere Forderung immer
noch nicht beglichen ist.

Noch haben Sie es also selbst in der Hand, sich
die dadurch entstehenden nicht unerheblichen
Kosten und Unannehmlichkeiten zu ersparen.


(Unterschrift)
```

Standard-Mahnung

Ziel

- **Mahn-Strategie**
  - ✓ Erzeugt noch größeren Druck durch sehr konkrete Drohung mit weitreichenderen Konsequenzen (hohe Rechtsanwaltsgebühren, evtl. sogar gerichtliches Klageverfahren).
  - ✓ Deutliches Signal, daß man jetzt in Kürze ernst macht.

- **Für welche Fälle geeignet?**
  - ✓ Auf keinen Fall bei wichtigen Kunden, die man nicht verlieren will, eher bei Privatschuldnern!

- **Stil bzw. Tonart**
  - ✓ Energisch, massiv drohend.

Die entsprechenden Standard-Briefe der 1. Mahnstufe finden Sie ab Seite 28, die der 2. Mahnstufe ab Seite 70.

Dritte Mahnstufe

Muster 6: Standard-Mahnung

```
Name                                    Ort, Datum
Straße
Ort


Unsere Forderung in Höhe von DM ...

Sehr geehrte Frau ...,

am ... erhielten Sie von uns ... Die Lieferung
erfolgte fristgemäß und mängelfrei.

Nachdem auf unsere Rechnung vom ... keine Zahlung
erfolgte, wurden Sie von uns mit Schreiben
vom ... an die Zahlung erinnert. Diese 1. Mahnung
blieb ebenso erfolglos wie unsere 2. Mahnung
vom ... Unsere Geduld ist jetzt zu Ende!

Sollten wir auch bis zum ... keinen Zahlungs-
eingang verzeichnen können, so bleibt uns nichts
anderes übrig, als entweder ein Inkassounterneh-
men zu beauftragen oder das gerichtliche Mahn-
verfahren einzuleiten.


(Unterschrift)
```

Standard-Mahnung

Ziel

- **Mahn-Strategie**
  - ✓ Schuldner beeindrucken durch Androhung von Konsequenzen.
  - ✓ Ernst der Lage klarmachen.

- **Stil bzw. Tonart**
  - ✓ Energisch, massiv drohend.

- **Für welche Fälle geeignet?**
  - ✓ Nicht bei wichtigen Kunden!

Die entsprechenden Standard-Briefe der 1. Mahnstufe finden Sie ab Seite 28, die der 2. Mahnstufe ab Seite 70.

Dritte Mahnstufe

Muster 7: Standard-Mahnung

```
Name                                    Ort, Datum
Straße
Ort


Unsere Forderung in Höhe von DM ...


Sehr geehrter Herr ...,

nachdem wir trotz mehrerer Zahlungsaufforderun-
gen von Ihnen weder eine Überweisung des o.g.
Betrages noch eine Erklärung für die Zahlungsver-
zögerung erhalten haben, gehen wir davon aus, daß
Sie mit dem Einzug des Betrages durch die Post
einverstanden sind.

Wir werden diese am ... damit beauftragen, wenn
wir bis dahin immer noch keine Nachricht von
Ihnen erhalten haben.


Mit freundlichen Grüßen


(Unterschrift)
```

Standard-Mahnung

Ziel

- **Mahn-Strategie**
  - ✓ Schuldner beeindrucken.

- **Für welche Fälle geeignet?**
  - ✓ Eher bei Privatkunden.

- **Stil bzw. Tonart**
  - ✓ Energisch.

Praxis-Tip:

Postnachnahme bedeutet: Zuschicken eines Briefes per Nachnahme (meist nur über einen Teilbetrag der Forderung!).

Löst der Schuldner die Nachnahme ein, so wird der entsprechende Betrag der Forderung gutgeschrieben.

Die entsprechenden Standard-Briefe der 1. Mahnstufe finden Sie ab Seite 28, die der 2. Mahnstufe ab Seite 70.

Dritte Mahnstufe

Muster 8: Standard-Mahnung

```
Name                                    Ort, Datum
Straße
Ort


Unsere Rechnung vom ...
Unsere Mahnungen vom ... und vom ...


Sehr geehrte Damen und Herren,

in oben genannter Angelegenheit müssen wir Ihnen
leider mitteilen, daß wir auf keinen Fall bereit
sind, die Sache noch länger in der Schwebe zu
halten.

Wenn Ihre Zahlung nicht bis spätestens ... bei
uns eingeht, werden wir unsere Forderung an ein
Inkassounternehmen abtreten bzw. verkaufen.

Sie müßten dann, abgesehen von den entstehenden
Kosten, damit rechnen, daß mit allen Mitteln
gegen Sie vorgegangen wird.


(Unterschrift)
```

Standard-Mahnung

Ziel

- **Mahn-Strategie**
  - ✓ Muskeln spielen lassen.
  - ✓ Deutliches Signal setzen, daß man jetzt ernst macht (durch Androhung gravierender Konsequenzen).

- **Für welche Fälle geeignet?**
  - ✓ Auf keinen Fall bei wichtigen Kunden.

- **Stil bzw. Tonart**
  - ✓ Sehr aggressiv formuliert (besonders massiver Wirkungsstil).

Die entsprechenden Standard-Briefe der 1. Mahnstufe finden Sie ab Seite 28, die der 2. Mahnstufe ab Seite 70.

Dritte Mahnstufe

Muster 9: Standard-Mahnung

```
Name                                    Ort, Datum
Straße
Ort


Unsere Forderung in Höhe von DM ...


Sehr geehrte Frau ...,

wir müssen Ihnen heute bereits zum dritten Mal
wegen des Ausgleichs unserer Rechnung vom ...
über DM ... schreiben.

Mahnungen schreiben macht aber keinen Spaß und
kostet auch noch Zeit und Geld. Sie werden des-
halb verstehen, daß unsere Geduld langsam zu
Ende geht.

Daher heute unsere ernst gemeinte Aufforderung:

Lassen Sie uns keinen Tag mehr länger warten!


Es grüßt Sie,


(Unterschrift)
```

Standard-Mahnung

Ziel

- **Mahn-Strategie**
  - ✓ Schuldner beeindrucken durch vage Androhung von Konsequenzen.

- **Für welche Fälle geeignet?**
  - ✓ Meistens einsetzbar, gerade auch bei Privatschuldnern.

- **Stil bzw. Tonart**
  - ✓ Eindringlich, streng.

Die entsprechenden Standard-Briefe der 1. Mahnstufe finden Sie ab Seite 28, die der 2. Mahnstufe ab Seite 70.

Dritte Mahnstufe

Muster 10: Standard-Mahnung

```
Name                                         Ort, Datum
Straße
Ort


Unsere Rechnung vom ... über DM ...


Sehr geehrte Damen und Herren,

nachdem Sie es nicht einmal für nötig befunden
haben, uns auf unsere bisherigen doch sehr mode-
rat abgefaßten Mahnschreiben wenigstens eine
kurze Erklärung für Ihren Zahlungsverzug zukommen
zu lassen, müssen wir zu unserem Bedauern jetzt
doch eine etwas härtere Gangart einschlagen.

Sollten wir auch bis zum ... keinen Zahlungsein-
gang verzeichnen können, werden wir unverzüglich
den zwar unbeliebten, dann aber unerläßlichen
Rechtsweg beschreiten.


(Unterschrift)
```

Standard-Mahnung

Ziel

- **Mahn-Strategie**
    - ✓ Muskeln spielen lassen.
    - ✓ Schuldner beeindrucken.

- **Für welche Fälle geeignet?**
    - ✓ Nicht bei guten Kunden.

- **Stil bzw. Tonart**
    - ✓ Hart, streng, massiv drohend.

Die entsprechenden Standard-Briefe der 1. Mahnstufe finden Sie ab Seite 28, die der 2. Mahnstufe ab Seite 70.

Dritte Mahnstufe

Muster 11: Standard-Mahnung

```
Name                                        Ort, Datum
Straße
Ort


Unsere Forderung über DM ...

Sehr geehrte Damen und Herren,

nachdem Sie trotz zweier Mahnungen den offenen
Betrag immer noch nicht überwiesen haben, stehen
in dieser Angelegenheit nunmehr nur noch zwei
Wege offen:

Der erste: Sie schicken uns unverzüglich einen
Scheck!

Der zweite: Wir leiten das gerichtliche Mahnver-
fahren ein, was mit nicht unerheblichen Kosten
und Unannehmlichkeiten für Sie verbunden wäre.

Wir hoffen, daß Sie sich für den für beide Seiten
angenehmeren Weg entscheiden werden.

In diesem Sinne erwarten wir Ihre Zahlung per
Scheck bis spätestens ...


Mit freundlichen Grüßen


(Unterschrift)
```

Standard-Mahnung

Ziel

- **Mahn-Strategie**
  - ✓ Kunden nicht verärgern.
  - ✓ Beziehungsebene positiv erhalten.

- **Für welche Fälle geeignet?**
  - ✓ Bei guten Kunden.

- **Stil bzw. Tonart**
  - ✓ Für 3. Mahnung noch ziemlich moderat, verbindlich.

Die entsprechenden Standard-Briefe der 1. Mahnstufe finden Sie ab Seite 28, die der 2. Mahnstufe ab Seite 70.

Dritte Mahnstufe

Muster 12: Standard-Mahnung

```
Name                                  Ort, Datum
Straße
Ort


Unsere Rechnung vom ...

Unsere Mahnungen vom ... und vom ...


Sehr geehrter Herr ...,

wir wenden uns hiermit heute direkt an Sie, um
die oben im Betreff genannte leidige Mahnangele-
genheit vielleicht doch noch gütlich aus der Welt
zu schaffen.

Lassen Sie sich doch bitte den Vorgang im Inter-
esse unserer guten und bisher so unproblemati-
schen Geschäftsbeziehung unverzüglich zur
nochmaligen persönlichen Überprüfung vorlegen.


Vielen Dank!


(Unterschrift)
```

Standard-Mahnung

Ziel

- **Mahn-Strategie**
  - ✓ Baut noch einmal eine Brücke.
  - ✓ Erhält Beziehungsebene positiv.

- **Für welche Fälle geeignet?**
  - ✓ Letztes Mittel bei wichtigen Großkunden.
  - ✓ Direkt an Chef bzw. Geschäftsleitung adressieren!

- **Stil bzw. Tonart**
  - ✓ Sehr moderat.

> **Praxis-Tip:**
>
> Eventuell noch erwähnen, daß es in Ihrem Hause eigentlich nicht üblich ist, sich wegen einer offenen Rechnung direkt an die Geschäftsleitung zu wenden.

Die entsprechenden Standard-Briefe der 1. Mahnstufe finden Sie ab Seite 28, die der 2. Mahnstufe ab Seite 70.

Dritte Mahnstufe

Muster 13: Standard-Mahnung

```
Name                                          Ort, Datum
Straße
Ort


Unsere Rechnung vom ...
Unsere Mahnungen vom ... und vom ...


Sehr geehrter Herr ...,
Sie verlangen sehr viel Geduld von uns.

Man sollte von einem seriösen Geschäftsmann doch
erwarten können, daß wenigstens die Gründe für
eine Zahlungsverzögerung mitgeteilt werden.

Wir setzen Ihnen diesbezüglich hiermit eine
letzte Frist bis zum ...

Ein eventueller Ratenzahlungsvorschlag von Ihnen
könnte im übrigen z.B. dann unsere Zustimmung
finden, wenn er mit einer sofortigen, angemesse-
nen Anzahlung verbunden ist.


Mit freundlichem Gruß


(Unterschrift)
```

Standard-Mahnung

Ziel

- **Mahn-Strategie**
  - ✓ Appell an kaufmännische Ehre.
  - ✓ Aus dem Schneckenhaus locken durch Anzeigen von Kompromißbereitschaft.

- **Für welche Fälle geeignet?**
  - ✓ Wenn man mit Ratenzahlung einverstanden ist.

- **Stil bzw. Tonart**
  - ✓ Für 3. Mahnung immer noch relativ moderat.

Praxis-Tip:

Alternativ-Formulierung: Mit der Begleichung der Schuld in 6 Monatsraten à DM ... wären wir einverstanden.

Die entsprechenden Standard-Briefe der 1. Mahnstufe finden Sie ab Seite 28, die der 2. Mahnstufe ab Seite 70.

Dritte Mahnstufe

Muster 14: Standard-Mahnung

```
Name                                    Ort, Datum
Straße
Ort


Unsere Rechnung vom ...
Unsere Mahnungen vom ... und vom ...

Sehr geehrte Damen und Herren,
als letzten Versuch einer gütlichen Regelung der
Angelegenheit unterbreiten wir Ihnen folgenden
Teilzahlungsvorschlag, an den wir uns bis zum ...
gebunden fühlen:
Sie erkennen an, uns aus ... einen Betrag in Höhe
von DM ... nebst ... % Zinsen hieraus seit ... zu
schulden. Sie verzichten hiermit auf Einwendungen
jeder Art zu Grund und Höhe dieser Forderung.
Sie verpflichten sich, an uns auf unser Konto
Nr.: ... bei der ...-Bank bis spätestens ... eine
Anzahlung i.H.v. DM ... und sodann monatliche Ra-
ten i.H.v. je DM ..., fällig jeweils am ersten
einen jeden Monats, erstmals am 1.3...., zu zahlen.
Die jeweilige Restforderung ist zur sofortigen
Zahlung fällig, wenn Sie mit einer Rate ganz oder
teilweise länger als 14 Tage im Rückstand sind.
Sollten Sie auch auf dieses Angebot bis zum o.g.
Zeitpunkt nicht reagieren, werden wir umgehend
rechtliche Schritte einleiten.

(Unterschrift)

Rückantwort:
Vorschlag angenommen

Datum, Unterschrift Schuldner
```

Standard-Mahnung

Ziel

- **Mahn-Strategie**
  - ✓ Noch einmal eine Brücke bauen.
  - ✓ Aus dem Schneckenhaus locken.
  - ✓ „Der Spatz in der Hand ist besser als die Taube auf dem Dach."

- **Für welche Fälle geeignet?**
  - ✓ Wenn man mit Ratenzahlung leben kann oder wenn man die Verjährung durch ein Schuldanerkenntnis unterbrechen will.

- **Stil bzw. Tonart**
  - ✓ Für 3. Mahnung: relativ moderat, entgegenkommend.

> **Praxis-Tip:**
>
> Die Verjährung wird auch durch einen gerichtlichen Mahnbescheid unterbrochen, nicht jedoch durch außergerichtliche Mahnungen des Gläubigers!

Die entsprechenden Standard-Briefe der 1. Mahnstufe finden Sie ab Seite 28, die der 2. Mahnstufe ab Seite 70.

Dritte Mahnstufe

Muster 15: locker formulierte Mahnung

```
Name                                    Ort, Datum
Straße
Ort


Unsere Rechnung vom ... über DM ...


Sehr geehrte Damen und Herren,

auf unsere beiden Mahnschreiben vom ... und
vom ... haben Sie leider nicht reagiert. Sie han-
deln also offenbar nach dem Motto: „Reden ist
Silber, Schweigen ist Gold".

Es dürfte aber doch wohl auf der Hand liegen, daß
ein Vorgehen nach dieser Devise im Geschäftsver-
kehr völlig fehl am Platze ist.

Wenn Sie auch auf dieses 3. Mahnschreiben wie-
derum nicht reagieren, bleibt uns deshalb nichts
anderes übrig, als juristische Schritte gegen Sie
einzuleiten.


Mit freundlichen Grüßen


(Unterschrift)
```

Locker formulierte Mahnung

Ziel

- **Mahn-Strategie**
  - ✓ Appell an kaufmännische Ehre.

- **Für welche Fälle geeignet?**
  - ✓ Einsetzbar bei untätigen, nicht unbedingt ganz wichtigen Geschäftskunden.

- **Stil bzw. Tonart**
  - ✓ Locker, salopp, aber doch auch energisch.

Die entsprechenden locker formulierten Briefe der 1. Mahnstufe finden Sie ab Seite 40, die der 2. Mahnstufe ab Seite 90.

Dritte Mahnstufe

Muster 16: locker formulierte Mahnung

```
Name                                    Ort, Datum
Straße
Ort


Unsere Rechnung vom ...
Unsere Mahnungen vom ... und vom ...


Sehr geehrte Damen und Herren,

wir geben hiermit unserer Hoffnung Ausdruck, daß
wir auch bezüglich dieser leidigen Angelegenheit
letztendlich doch noch feststellen werden: „Was
lange währt, wird endlich gut."

Bitte enttäuschen Sie uns nicht und zahlen
Sie den offenen Betrag in Höhe von ... bis
spätestens ...


Mit freundlichen Grüßen


(Unterschrift)
```

Locker formulierte Mahnung

Ziel

- **Mahn-Strategie**
  ✓ Kunden auf keinen Fall verärgern (kein Vorwurf, kein Angriff).

- **Für welche Fälle geeignet?**
  ✓ Bei sehr wichtigen Kunden.

- **Stil bzw. Tonart**
  ✓ Für 3. Mahnung sehr moderat und locker formuliert.

Die entsprechenden locker formulierten Briefe der 1. Mahnstufe finden Sie ab Seite 40, die der 2. Mahnstufe ab Seite 90.

Dritte Mahnstufe

Muster 17: locker formulierte Mahnung

```
Name                                    Ort, Datum
Straße
Ort


Unsere Forderung über DM ...


Sehr geehrter Herr ...,

wir haben erhebliche Zweifel, ob ein Geschäfts-
mann, der auf zwei Mahnschreiben in keiner Weise
reagiert, diese Anrede überhaupt noch erwarten
darf.

Bitte räumen Sie unsere Bedenken aus, indem Sie
unsere Forderung doch noch bis spätestens ...
begleichen.


Mit freundlichen Grüßen


(Unterschrift)
```

Locker formulierte Mahnung

Ziel

- **Mahn-Strategie**
  - ✓ Schuldner bei seiner (kaufmännischen) Ehre packen!

- **Für welche Fälle geeignet?**
  - ✓ Nur in wenigen ausgewählten Fällen einsetzbar.
  - ✓ Auf keinen Fall bei wichtigen Kunden.

- **Stil bzw. Tonart**
  - ✓ Sehr hart formuliert, fast schon zu aggressiv!

Die entsprechenden locker formulierten Briefe der 1. Mahnstufe finden Sie ab Seite 40, die der 2. Mahnstufe ab Seite 90.

Dritte Mahnstufe

Muster 18: locker formulierte Mahnung

```
Name                                    Ort, Datum
Straße
Ort


Unsere Rechnung vom ... über DM ...


Sehr geehrte Damen und Herren,

trotz zweier Mahnungen haben Sie weder unsere
o.g. Forderung beglichen noch uns die Gründe für
die Zahlungsverzögerung mitgeteilt.

Wollen Sie es tatsächlich so weit kommen lassen,
daß wir Ihr unseriöses Geschäftsgebaren bei ver-
schiedenen Stellen publik machen müssen, um viel-
leicht doch noch an unser Geld zu kommen?

Bitte denken Sie darüber noch einmal bis zum Ende
des Monats nach.


Mit freundlichen Grüßen


(Unterschrift)
```

Locker formulierte Mahnung

Ziel

- **Mahn-Strategie**
  - ✓ Schuldner beeindrucken.
  - ✓ Verstärkung des psychologischen Drucks, indem Schuldner über konkrete Konsequenzen im unklaren gelassen wird.

- **Für welche Fälle geeignet?**
  - ✓ Nur bei ausgewählten Schuldnern, die auf die Mahnungen überhaupt nicht reagiert haben.
  - ✓ Nicht bei wichtigen Kunden!

- **Stil bzw. Tonart**
  - ✓ Warnend, drohend (Wirkungsstil!).

Praxis-Tip:

Alternativ-Formulierung: Bitte lassen Sie sich dies bis zum ... noch einmal durch den Kopf gehen.

Die entsprechenden locker formulierten Briefe der 1. Mahnstufe finden Sie ab Seite 40, die der 2. Mahnstufe ab Seite 90.

Dritte Mahnstufe

Muster 19: locker formulierte Mahnung

```
Name                                      Ort, Datum
Straße
Ort


Unsere Rechnung vom ... über DM ...


Sehr geehrte Frau ...,

Sie haben auf unsere beiden Mahnungen vom ... und
vom ... in keiner Weise reagiert.

Wollen Sie es wirklich so weit kommen lassen, daß
in einigen Wochen der Gerichtsvollzieher bei
Ihnen vor der Tür steht?

Diese peinliche Szene sollten Sie sich doch bes-
ser ersparen, indem Sie uns den offenen Betrag
bis spätestens ... überweisen.


Mit freundlichen Grüßen


(Unterschrift)
```

Locker formulierte Mahnung

Ziel

- **Mahn-Strategie**
  - ✓ Schuldner beeindrucken.

- **Für welche Fälle geeignet?**
  - ✓ Nur bei ausgewählten, auf keinen Fall bei wichtigen Kunden (eher bei Privatkunden).

- **Stil bzw. Tonart**
  - ✓ Warnend, drohend (Wirkungsstil!).

Praxis-Tip:

Alternativ-Formulierung für ersten Satz: Unsere Rechnung hat nun ein Alter erreicht (oder: ist nun in ein Alter gekommen), in dem sie automatisch den Weg zum Gericht einschlägt.

Die entsprechenden locker formulierten Briefe der 1. Mahnstufe finden Sie ab Seite 40, die der 2. Mahnstufe ab Seite 90.

Dritte Mahnstufe

Muster 20: locker formulierte Mahnung

```
Name                                    Ort, Datum
Straße
Ort


Unsere Rechnung vom ... über DM ...


Guten Tag,

Ihre in o.g. Angelegenheit immer noch ausste-
hende Zahlung fängt langsam an, unserem Computer
Sorgen zu machen und könnte evtl. in Kürze auch
Ihnen Sorgen machen.

Wir setzen Ihnen hiermit eine allerletzte Zah-
lungsfrist bis zum ...


Mit freundlichen Grüßen


(Unterschrift)
```

Locker formulierte Mahnung

Ziel

- **Mahn-Strategie**
  - ✓ Schuldner auf lockere Art beeindrucken.

- **Für welche Fälle geeignet?**
  - ✓ Wohl nicht bei guten, eher konservativen Schuldnern.

- **Stil bzw. Tonart**
  - ✓ Salopp formuliert, aber dennoch warnend.

Praxis-Tip:

- Eventuell als Abschluß einer Computer-Mahnbriefreihe!
- Vergleichen Sie jeweils Muster 17 bei den 1. und 2. Mahnungen.

Die entsprechenden locker formulierten Briefe der 1. Mahnstufe finden Sie ab Seite 40, die der 2. Mahnstufe ab Seite 90.

Dritte Mahnstufe

Muster 21: originelle Mahnung

```
Name                                         Ort, Datum
Straße
Ort


Unsere Rechnung vom ...
Unsere Mahnungen vom ... und vom ...


Sehr geehrter Herr ...,

gehören Sie vielleicht auch zu den Schuldnern,
die die erste und die zweite Mahnung grundsätz-
lich in den Papierkorb werfen, in der Hoffnung,
daß schon noch eine dritte Mahnung kommen wird
und nicht gleich ein Mahnbescheid vom Gericht?

Da können Sie aber gelegentlich auch Pech haben!

Wir wollen jedoch keine Spielverderber sein: Hier
ist sie, Ihre dritte Mahnung!

Allerletzte Zahlungsfrist: ...


Mit freundlichen Grüßen


(Unterschrift)
```

Originelle Mahnung

Ziel

- **Mahn-Strategie**
    - ✓ Vergnügt schmunzelnder Schuldner greift meist eher zum Scheckbuch als ein durch verdrießlichen Mahnbrief verärgerter.

- **Für welche Fälle geeignet?**
    - ✓ Insbesondere bei wichtigen Kunden.

- **Stil bzw. Tonart**
    - ✓ Sehr originell.

Die entsprechenden originellen Briefe der 1. Mahnstufe finden Sie ab Seite 56, die der 2. Mahnstufe ab Seite 104.

Dritte Mahnstufe

Muster 22: originelle Mahnung

```
Name                                    Ort, Datum
Straße
Ort


Unsere Rechnung vom ...

Unsere Mahnungen vom ... und vom ...


Sehr geehrte Frau ...,

„Aller guten Dinge sind drei!" Eine vierte Mah-
nung wird es deshalb sicher nicht geben!

Entweder Sie zahlen jetzt bis spätestens ...
oder ...


Mit freundlichen Grüßen


(Unterschrift)
```

Originelle Mahnung

Ziel

- **Mahn-Strategie**
  - ✓ Schuldner beeindrucken.
  - ✓ In der Kürze liegt die Würze.

- **Für welche Fälle geeignet?**
  - ✓ Wohl in den meisten Fällen einsetzbar.
  - ✓ Insbesondere bei Privatschuldnern.

- **Stil bzw. Tonart**
  - ✓ Originell, aber doch auch warnend, Konsequenzen androhend.

Die entsprechenden originellen Briefe der 1. Mahnstufe finden Sie ab Seite 56, die der 2. Mahnstufe ab Seite 104.

Dritte Mahnstufe

Muster 23: originelle Mahnung

```
Name                                          Ort, Datum
Straße
Ort


Betreff: Unsere Forderung in Höhe von DM ...


Sehr geehrter Herr ...,

kürzlich schrieb uns ein Geschäftspartner:

„Ihre beiden Mahnbriefe waren so gut, daß ich mit
der Zahlung noch zurückgehalten habe, um die kom-
plette Mahnserie zu erhalten."

Offen gestanden: Eine derartige Wirkung hatten
wir nicht beabsichtigt. Sollten Sie vielleicht
aus dem gleichen Grund immer noch nicht gezahlt
haben? In diesem Falle möchten wir Ihnen folgen-
den Vorschlag unterbreiten:

Überweisen Sie uns den offenen Betrag in Höhe von
DM ... bis spätestens ...

Wir lassen Ihnen dann unverzüglich eine größere
Anzahl origineller bzw. ungewöhnlicher Mahntexte
zukommen. Damit wäre dann beiden Seiten geholfen.
Einverstanden?


Mit freundlichen Grüßen


(Unterschrift)
```

Originelle Mahnung

Ziel

- **Mahn-Strategie**
  - ✓ Kunden doch noch aus seinem Schneckenhaus locken, ohne ihn zu verärgern!
  - ✓ Vergnügt schmunzelnder Schuldner greift meist eher zum Scheckbuch als ein durch verdrießlichen Mahnbrief verärgerter.

- **Für welche Fälle geeignet?**
  - ✓ Bei wichtigen Kunden!

- **Stil bzw. Tonart**
  - ✓ Sehr originell.

> **Praxis-Tip:**
> Alternativ-Formulierung: Ihre beiden Mahnbriefe waren so originell, ...

Die entsprechenden originellen Briefe der 1. Mahnstufe finden Sie ab Seite 56, die der 2. Mahnstufe ab Seite 104.

Findex

AGB-Gesetz 21
Allgemeine Geschäftsbedingungen 21
Anspruch 12, 13
  – voll wirksamer 12, 13
Aufrechnung 22

Beweis 26
Beweislast 17, 26
Briefkasten 17

Dienstvertrag 14
Durchsetzbarkeit der Forderung 21

Einreden 12, 21
Einrederechte 16
Einschreiben 18
  – mit Rückschein 18
Einschreibequittung 18
Erfüllungsverweigerung 15
Erstmahnung 21

Fälligkeit 12, 13, 14, 20
Fälligkeitsvoraussetzung 14
Forderungsausgleich 88
Fristsetzung 15

Gerichtsvollzieher 18, 119

Hemmung der Verjährung 25

Inkassokosten 16

Kaufvertrag 17
Klage, Erhebung 25
Klauseln
  – Vertragsklausel 21

Leistungsverweigerungsrecht 21
Leistungszeit 13, 14

Mahn-Strategie 20
Mahnbescheid
  – gerichtlicher 25
Mahnbriefgestaltung 20
Mahnkosten 20
Mahnpauschale 21
Mahnung 12
  – Erstmahnung 21
  – verzugsbegründende 14
  – vorgerichtliche 25
Mahnzugang 17
Mängel 12
  – bei Vertragsabschluß 12
Mängeleinrede 12, 22

Nachfrist 17
Neukunden 83

Ratenzahlungsvereinbarung 44
Ratenzahlungsvorschlag 142
Rechnungsausgleich 46
Rechtsanwaltskosten 16
Rechtsfolge 26
Rechtsirrtum 16
Rechtsstreit 21
Rechtzeitigkeit der Leistung 15

Schadenersatz 16, 17
– wegen Nichterfüllung 16
Schuldanerkenntnis 19, 145
Schuldner 23
– gewerblicher Schuldner 20
– Großunternehmen 20
– Kleinunternehmen 20
– Privatschuldner 20
Schuldnerverzug 12, 13, 15, 16, 17
– Rechtsfolgen 16
Stundungsvereinbarung 22

Teilzahlung 60

Überweisungsauftrag 15
Unterbrechung der Verjährung 24

Verjährung 17, 22
– Hemmung 25
– Unterbrechung 24
Verjährungseinrede 12
Verjährungsfristen 22, 23
Verjährungsunterbrechung 17
Verkehrssitte 13
Vertragsklausel 21
Verzug 16
Verzugszinsen 16

Werkvertrag 14

Zahlungserinnerung 75
Zahlungsforderung 21
Zeugenaussagen 26
Zurückbehaltungsrecht 22
Zustellungsversuch 18
Zuvielforderung 19

ERBEN UND VERERBEN

Erhältlich in Ihrer Buchhandlung
Nähere Informationen bei

WALHALLA

FACHVERLAG

Fax: 09 41 / 56 84 111
E-mail: walhalla@walhalla.de

Bitte einsenden an: Walhalla Fachverlag · Postfach 10 10 53 · 93010 Regensburg

☐ Bitte schicken Sie mir Informationen über die aktuellen Ratgeber.

Name _____

Adresse _____

Beruf/Tätigkeit _____

Straße _____

PLZ/Ort _____